미래의 부자인 ______________________ 님을 위해

이 책을 드립니다.

30분에 끝내는
부동산
셀프등기

초판 1쇄 인쇄 | 2022년 7월 20일
초판 1쇄 발행 | 2022년 7월 29일

지은이 | 구민수
펴낸이 | 박영욱
펴낸곳 | 북오션

경영지원 | 서정희
편 집 | 고은경
마 케 팅 | 최석진
디 자 인 | 민영선 · 임진형
SNS마케팅 | 박현빈 · 박가빈

주 소 | 서울시 마포구 월드컵로 14길 62 북오션빌딩
이메일 | bookocean@naver.com
네이버포스트 | post.naver.com/bookocean
페이스북 | facebook.com/bookocean.book
인스타그램 | instagram.com/bookocean777
전 화 | 편집문의: 02-325-9172 영업문의: 02-322-6709
팩 스 | 02-3143-3964

출판신고번호 | 제 2007-000197호

ISBN 978-89-6799-693-2 (03320)

구민수 지음

30분에 끝내는 부동산 셀프등기

북오션

머리말

한껏 성장된 시민의식이 사회 곳곳에 반영되고 있습니다. 또한 각종 매체가 발달되어 과거 정보 소비자에 머물던 개인이 생산자를 겸하는 경우가 많아졌습니다.

'셀프등기'의 성공담이 유튜브와 블로그 등 여러 매체에 소개되어, 예전에는 엄두도 못 내던 등기를 시도하려는 사례가 앞으로 더 많아질 것으로 예상됩니다.

이러한 변화는 시민의식의 성장과 IT 기술의 발달에 힘입은 바 큽니다. 자연스럽고 바람직한 현상이라고 생각합니다. 발전된 IT 기술은 대법원 인터넷등기소의 'e-Form'(등기신청서 작성 프로그램)에 녹아

들어 일반인도 쉽게 등기신청서를 작성할 수 있도록 지원하고 있습니다.

현재의 등기 업무는 '법무사에게 맡기기' '발로 뛰는 셀프등기' '손으로 챙기는 셀프등기'로 나눌 수 있습니다.

매체에서 소개되는 셀프등기 성공담의 대부분은 '발로 뛰는 등기'에 해당됩니다.

하지만 이 책에서는 '발로 뛰는 셀프등기'가 아닌 'e-Form'을 통해 '손으로 챙기는 셀프등기'의 노하우를 소개하고자 합니다.

즉 이 책은 '셀프등기'를 하고자 하는 여러분들을 위한 안내 책자입니다. 법률용어나 부동산등기 용어를 알지 못해도 10~20분 내에 등기신청서를 작성할 수 있습니다.

작성에서 제출까지 시간의 흐름에 맞춰 해야 할 일을 쉽게 따라할 수 있도록 순서대로 구성하였습니다. 다시 한번 강조하지만 이 책은 기존 매체에서 소개되는 셀프등기 성공담과는 그 구성이 다르다는 점을 밝힙니다. 즉 발로 뛸 생각을 하지 않았으면 합니다.

다음의 두 가지 사항만 이해한다면 바로 셀프등기를 시작할 수 있습니다.

첫째, 매매대금 잔금 치르기 전 등기신청서 작성을 시작한다.

둘째, 등기신청서는 'e-Form'으로 작성한다.

이 책의 구성은 다음과 같습니다.

1부에서는 부동산은 왜 계좌이체가 되지 않는지에 대한 어리석은 질문에서부터 시작해서 부동산의 특징과 등기제도에 대해 설명합니다.

2부에서는 셀프등기의 핵심인 등기신청서와 위임장 샘플을 중심으로 전반적인 내용을 가볍게 정리했습니다. 내용이 어렵다면 3부로 넘어가도 됩니다.

3부는 이 책에서 가장 중점을 둔 곳입니다. 책을 펴 놓고 대법원 홈페이지에 접속하여 매매를 원인으로 하는 소유권 이전 등기신청서를 작성할 수 있도록 구성하였습니다.

4부에서는 소유권 외 임차권, 전세권, 근저당권 등기신청과 매매 외 상속, 협의분할, 증여를 원인으로 하는 등기 유형을 다루었습니다.

'셀프등기'는 아파트 매수자가 법무사 등 전문가의 도움 없이 등기신청서를 작성하고 제출하여 스스로 등기를 마무리 짓는 일입니다. 그중 가장 어려운 일은 등기신청서의 작성입니다. 그래서 미리 시작합니다.

아무쪼록 이 책이 '셀프등기'에 도전하는 여러분들에게 쉬우면서도 꼭 필요한 길잡이가 되기를 간절히 바랍니다.

준비가 되었다면 '셀프등기', 시작해 볼까요?

차례

제 3 부

'e-Form'을 이용한 매매 등기신청서 작성

제 4 부

그리고 플러스 알파

제 1 부

편하지는 않지만 해 보겠다면

부동산은 왜 계좌이체가 되지 않는가?

(1) 동종, 동량의 정형화된 거래가 아님

부동산을 계좌이체하겠다니, 조금 당황스러울 듯합니다.

지금은 은행을 방문하지 않고 인터넷, 앱, 폰뱅킹으로 금전을 쉽게 이체할 수 있지만 과거에는 그렇지 않았습니다.

증권회사(금융투자회사)가 관리하는 주식도 지점 방문 없이 전화 신청으로 다른 계좌로 이체(대체)가 가능한 기술이 구현되어 있습니다.

금전과 주식은 같은 종류, 같은 수량으로 가치는 동일하고, 이체는 정형화된 거래이므로 비밀번호만 정확히 입력하면 신속히 처리됩니다.

반면 부동산은 비싼 재화에 속하고 크기, 면적, 쓰임새가 제각각이어서 매매계약 전에 물건의 확인 작업을 거쳐야 합니다.

(2) 부동산 거래는 별도의 등기신청 절차가 필요

매수인과 매도인 사이에 소유권을 넘기기로 합의(즉 매매계약 체결)를 하였더라도, 등기신청, 등기소의 신청처리 등 별도로 법에서 절차를 거쳐야 합니다.

	금전, 주식	부동산
계좌이체	가능	불가능
이유	동종, 동량 차별성 없음	각각 고유의 특징 있음
소유권 이전	이체 신청으로 끝남	매매 외 등기신청, 등기소 처리 (당사자 합의 + 등기)
이전하는 방식	자유 (이체, 출금 후 전달, 수표 등)	법에서 정한 방식

소유권이전등기가 불편한 이유 - (1) 국가는 경쟁하지 않는다

금융 분야는 IT 기술 발달을 비교적 신속히 반영합니다. 고객이 은행의 금융 서비스를 이용하기 때문입니다. 조금이라도 불편한 점이 있다면 고객은 경쟁회사로 쉽게 옮겨 갈 수 있습니다. 고객의 은행에 대한 충성도가 다른 업종에 비해 높은 편이지만 향후에도 그럴 것이라는 보장은 없습니다. 최근 IT 대기업의 금융권 진출로 금융 서비스 경쟁은 무한대에 가까워졌습니다. 은행이 고객의 사소한 불편을 개선하기 위해서 더 많은 노력을 기울일 수밖에 없는 상황에 놓인 결과 고객의 편리성은 눈에 띄게 좋아졌습니다. 5년 전만 하더라도 앱을 이용한 은행 업무처리에 다소 불편한 점은 있었고, 불과 10년 전만 하더라도 부동산 매매대금을 수표나 현금으로 치르는 경우가 종종 있었는데, 이러한 풍경은 이제 과거 추억거리가 되었습니다.

지금은 너무나도 당연하게 매수인은 수표나 현금을 들고 다니지 않고 부동산 계약금이나 잔금을 매도인의 계좌로 이체를 하고, 매도인은 은행 직원의 도움 없이 그 자리에서 매매대금 입금을 확인합니다.

그러나 국가는 독점 사무에 관해 기업체와 경쟁하지 않습니다. 그렇기 때문에 은행 등 민간기업에서 상용화된 기술이 제공되지 않거나 상당한 시간을 두고 반영되는 경우가 있어 다소 불편함이 있는 건 사실입니다.

(1) 일반적인 소유권이전 과정 설명(법무사에 위임하였을 경우)

그런데 부동산의 소유권이전은 왜 복잡하고 까다로운 것일까요? 좀 더 간편한 방법이 없는지 찾아봐야 합니다. 조금만 더 쉽다면 드는 품도 줄고 비싼 비용을 들이지 않고 셀프로 등기를 할 수 있는 확률이 높아집니다.

우선 아파트 매매계약을 했다고 가정해 보겠습니다. 잔금일에 매수인이 매도인에게 매매대금을 지급하면, 매도인은 본인이 들고 있던 등기필정보와 인감증명서 및 기타 서류를 매수인에게 넘겨줍니다. 그리고 그 현장에서 매수인으로부터 각종 서류를 건네받은 법무사는 꼼꼼히 챙겨 보고 등기소로 출발합니다.

법무사는 국가(등기소)를 상대로 매수인을 대리해서 등기신청을 합니다. 즉 다음의 그림에서 보는 바와 같이

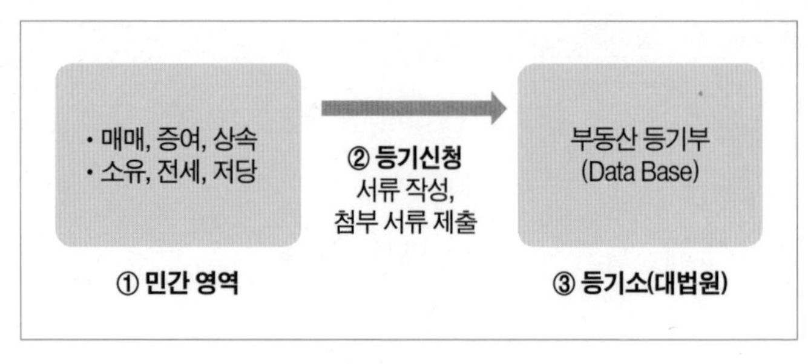

[부동산등기 흐름도]

민간 영역에 일어난 계약이나 사건을 유형별로 정리하여 알맞은 등기신청서를 작성하여 등기소에 제출합니다. 매수인은 이러한 신청을 통해 국가(대법원)가 관리하는 부동산 등기부(전자적 방법으로 관리, 데이터베이스)에 소유자로 기록되어야 비로소 소유자가 됩니다.

예시로 든 아파트 매매건에서 국가(등기소)는 부동산 등기부에 기록된 소유자를 매도인에서 매수인으로 바꿔서 기록하여 달라는 신청서(소유권이전등기 신청)를 접수합니다. 신청서의 기재가 정확한지 확인하고, 누락된 제출 서류가 없는지 체크한 다음 신청서에 적힌 대로 관리하는 부동산 등기부의 소유자 정보를 변경하고, 절차가 완료되면 신청한 등기가 완료되었음을 '등기필정보 및 등기완료 통지서'를 매수인에게 발송하여 줍니다.

(2) 부동산 등기부가 중심이 되는 거래

위와 같은 부동산 등기 흐름도는 증권이나 외화 거래처럼 모든 국가에서 통용되는 글로벌스탠더드는 아닙니다. 각국의 부동산 제도는 오랜 기간 동안 형성된 고유한 역사와 전통이 반영되기 때문입니다. 우리나라 부동산 제도의 특징은 권리관계는 국가가 관리하는 부동산 등기부가 중심이 된다는 점에 있습니다. 부동산 등기부에 기재되면 소유자와 거의 동일하게 취급하고, 모든 분쟁에서 부동산 등기부를 해결의 기준으로 삼습니다. 그래서 등기부의 변경은 엄격하고 정확해야 하며, 자연히 등기신청서 작성 사항이 까다롭고 복잡할 수밖에 없게 되었습니다. 이 말은 좋든 싫든 부동산 등기부를 출력한 부동산 등기부등본을 볼 수 있어야 부동산 분쟁에서 본인이 유리한지 불리한지 파악할 수 있다는 의미입니다.

(3) 생소한 부동산 등기부

대부분의 사람들은 집을 직접 소유하기 전까지 부동산 등기부를 볼 일이 거의 없습니다. 주택 전세나 월세 계약을 할 때도 확정일자부 신고만 하고 등기까지는 하지 않습니다. 매매계약을 한 후에도 소유권이전등기를 빨리 해야 한다는 조바심(또는 귀찮거나 몰라서) 때문에 법무사에게 등기 업무를 위임하고 있어 알 수 있는 기회가 적습니다.

걱정이 되어 미리 말씀드리지만, 셀프등기를 위해 부동산 등기부를 세세하게 알 필요는 없고, 기본적인 용어 몇 가지만 알면 됩니다.

최근 아파트 매매로 인한 소유권이전등기는 정형화되어 일부 블로거나 유튜버를 통해 성공담과 나름의 노하우가 공유되고 있습니다. 많은 분들이 셀프등기를 시도하고 있다고 합니다. 등기소나 정부도 전자정부를 지향하며, 각종 세금 및 공과금 납부가 가능하도록 시스템을 구축하는 등 전문가의 도움 없이 셀프등기를 하기에 좋은 환경이 만들어지고 있습니다.

소유권이전등기가 불편한 이유 - (2) 비밀번호 입력이 많다

	앱 이용 이체	은행 방문 이체 신청	부동산 등기
신청서	해 보면 쉬움	신청서 작성	등기신청서 작성
비밀번호		비밀번호 입력	비밀번호 입력 많음

은행 창구에서 현금이체 신청을 하거나 주민센터에서 주민등록등본을 발급받는 경우 창구에 놓인 이체 신청서(주민등록등본 발급 신청)를 작성하고 신청서와 함께 주민등록증을 제출하면 업무처리가 쉽게 끝납니다. 은행 이체 신청을 위해 비밀번호를 입력하라고 하면, 지시에 따라 숫자 단말기에 4자리 또는 6자리 등 본인의 비밀번호를 입력하면 됩니다.

부동산 등기신청도 이미 정해진 등기신청 서류를 작성하여 첨부 서류와 함께 제출하면 됩니다. 원하는 업무에 맞는 신청서를 작성하여 제출한다는 점에서 은행 이체 신청과 본질적으로 동일합니다. 비록 부동산 등기신청서에 작성할 내용이 많고 비밀번호 입력이 많지만 어렵지 않습니다.

작성해야 할 많은 내용과 비밀번호는 매도인의 협조를 받거나 또는 매수인이 각종 세금 및 수수료를 내야 하는 경우로 나누어집니다. 전자는 매도인으로부터 받는 등기필정보 서류를 보고 일련번호와 비밀번호 등을 찾아 입력하는 일이고, 후자는 매수인이 취득세, 국민주택채권, 등기수수료 납부 후 받은 영수증 등에 기재된 정보를 찾아 입력하는 일입니다.

등기신청서 및 위임장 작성 또한 순서대로 진행하면

됩니다. 은행 창구에서 이체를 하기 위해서는 비밀번호를 1회 입력하면 되지만, 등기신청은 곳곳에 흩어진 여러 개의 비밀번호를 찾아 입력해야 합니다.

		비밀번호 내용
등기필정보	매도인	일련번호, 비밀번호
부동산거래신고필증	중개인 신고 및 구청 접수	접수번호
국민주택채권 매입 영수증	매수인 납부	매입금액, 채권번호
등기신청수수료 납부 영수증	매수인 납부	납부번호
취득세 납부 영수증	매수인 납부	금액

등기신청서 및 위임장 작성은 부동산 법률 지식(부동산 등기부 읽기 등)이 없더라도 아파트 매매, 전세권 설정 등 이 책에서 소개한 유형의 등기라면 전문가의 도움 없이 충분히 해결이 가능합니다.

셀프등기의 가장 효율적인 방법 - 손으로 챙기는 셀프등기

가장 효율적인 셀프등기의 방법을 먼저 소개합니다.

아파트 매수자 입장에서 셀프등기 흐름도를 정리해 보았습니다. 매매계약 잔금일에 해야 할 일을 미리 해 두고, 당일 구청과 은행을 들르지 않아야 중개소에서 바로 등기소로 직행하여 등기신청을 신속히 마무리할 수 있습니다.

매매계약 잔금일 3~7일 전에 등기신청서 작성을 시작하시기를 추천합니다. 대법원 인터넷등기소에서 제공하는 등기신청서 작성 프로그램 'e-Form'을 이용합니다.

국민주택채권, 등기수수료, 수입인지도 인터넷을 통해 미리 납부 또는 구매합니다. 잔금일 전에 국민주택채권 등을 구매해도 되는지 궁금해 하시겠지만, 미리 구매해도 괜찮습니다. 매매계약 잔금일부터 취득세 신고가 가능하지만 하루나 이틀 전 구청에 문의하여 금액을 알아 두시는 게 좋습니다. 취득세 신고는 매매계약 잔금일 오전 7시부터 위택스를 통해 신청하고, 납부합니다.

취득세 신고를 위해서는 부동산거래신고필증이 필요

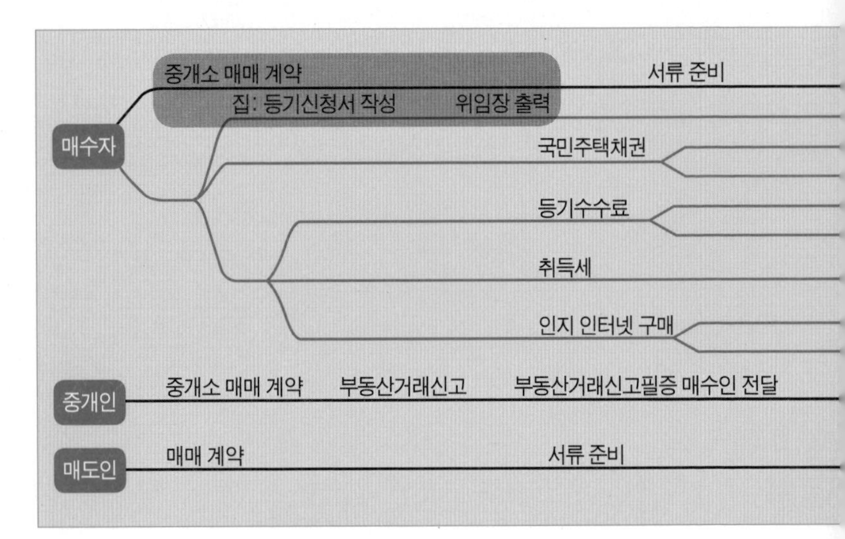

[셀프등기 흐름도]

합니다. 보통 매매계약 잔금일에 중개인이 챙겨주지만 등기신청서 작성을 시작할 때에 맞춰 미리 사진으로 찍어 달라고 하거나 국토부 홈페이지에서 매수인이 직접 조회 및 출력이 가능하니 취득세 신고 전 준비하시면 됩니다.

매매대금 잔금일 당일에는 등기신청서의 대부분 항목 입력을 끝내는 것이 좋습니다. 그 상태에서 위임장(매도인에게 매도인을 대신해서 매수인이 등기소에 가서 등기신청을 하도록 권한을 받음)을 출력하여 매도인의 인감도장을 받고, 잔금을 치른 후 매도인으로부터 서류(인감증명서, 등기

잔금 지급 및 서류 수령
등기소방문: 신청서 수정 신청서 제출
Y: 신청서 반영
N: 은행 납부
Y: 신청서 반영
N: 은행 납부
위택스 신고 및 납부
Y: 신청서 반영
N: 구청 방문 은행 납부
Y: 영수증 출력
N: 은행 구매
잔금일
잔금 수령 및 서류 제공
미리 작성
Y: 서류 준비 완료
N: 서류 준비 미완료

필정보, 주민등록초본)를 받아 등기소로 갑니다.

등기소 등기 접수처로 가서 민원인용 PC를 사용하여, 위택스에 로그인하여 '취득세 완납 확인서'를 출력하고, 대법원 등기소 홈페이지에 로그인하여 매도인으로부터 받은 등기필정보(서류) 중 일련번호와 비밀번호를 수정 입력한 뒤 등기신청서를 출력합니다. 그리고 신청서 1면 신청인란에 날인하고, 1면을 접어 1면 뒷장과 2면 앞장에 도장으로 간인을 합니다. 날인한 신청서를 첨부서류와 함께 등기소에 제출합니다.

제 2 부

등기신청서 작성 전 사전 준비 사항

셀프등기의 Ending 미리 알기

소유권이전을 위한 셀프등기는 스스로 작성한 (소유권이전)등기신청서, 위임장을 첨부서류와 함께 등기소에 제출하면 마무리됩니다. 등기신청서와 위임장을 다운로드하는 방법은 다음과 같습니다.

아파트, 다세대주택 매수의 경우 등기신청서는 대법원 인터넷등기소(http://www.iros.go.kr) → 자료센터 → 등기신청양식 → 부동산등기 → 04-2 매매로 인한 소유권이전등기신청(구분건물)을 다운로드합니다.

위임장은 대법원 인터넷등기소(http://www.iros.go.kr) → 자료센터 → 등기신청양식 → 부동산등기 → 01-2 위임장을 다운로드합니다.

번호	구분	제목	내려받기
11	부동산등기	03-3.협의분할에의한상속으로인한소유권이전등기신청	
12	부동산등기	03-4.협의분할에의한상속으로인한소유권이전등기신청(구분건물)	
13	부동산등기	03-5.법률 제16913호에 의한 소유권이전등기신청	
14	부동산등기	04-1.매매로인한소유권이전등기신청	
15	부동산등기	04-2.매매로인한소유권이전등기신청(구분건물)	
16	부동산등기	04-3.공유물분할로인한소유권이전등기신청	
17	부동산등기	04-4.증여로인한소유권이전등기신청	
18	부동산등기	04-5.증여로인한소유권이전등기신청(구분건물)	
19	부동산등기	04-6.유증으로인한소유권이전등기신청	
20	부동산등기	04-7.유증으로인한소유권이전등기신청(구분건물)	

즉시접수	당일접수
제출자	
총	건

소유권이전등기신청(매매)

접 수	년 월 일	처 리 인	등기관 확인	각종 통지
	제 호			

부동산의 표시(거래신고관리번호/거래가액)
거래신고관리번호 : 거래가액 :

등기원인과 그 연월일	년 월 일
등 기 의 목 적	소 유 권 이 전
이 전 할 지 분	

구분	성 명 (상호·명칭)	주민등록번호 (등기용등록번호)	주 소 (소 재 지)	지 분 (개인별)
등기의무자				
등기권리자				

[등기신청서 양식]

<table>
<tr><td colspan="4">시가표준액 및 국민주택채권매입금액</td></tr>
<tr><td>부동산 표시</td><td>부동산별 시가표준액</td><td colspan="2">부동산별 국민주택채권매입금액</td></tr>
<tr><td>1.</td><td>금 원</td><td colspan="2">금 원</td></tr>
<tr><td>2.</td><td>금 원</td><td colspan="2">금 원</td></tr>
<tr><td>3.</td><td>금 원</td><td colspan="2">금 원</td></tr>
<tr><td colspan="2">국 민 주 택 채 권 매 입 총 액</td><td colspan="2">금 원</td></tr>
<tr><td colspan="2">국 민 주 택 채 권 발 행 번 호</td><td colspan="2"></td></tr>
<tr><td colspan="2" rowspan="2">취득세(등록면허세) 금 원</td><td colspan="2">지 방 교 육 세 금 원</td></tr>
<tr><td colspan="2">농어촌특별세 금 원</td></tr>
<tr><td>세 액 합 계</td><td colspan="3">금 원</td></tr>
<tr><td rowspan="3">등 기 신 청 수 수 료</td><td colspan="3">금 원</td></tr>
<tr><td colspan="3">납부번호 :</td></tr>
<tr><td colspan="3">일괄납부 : 건 원</td></tr>
<tr><td colspan="4">등기의무자의 등기필정보</td></tr>
<tr><td>부동산고유번호</td><td colspan="3"></td></tr>
<tr><td>성명(명칭)</td><td colspan="2">일련번호</td><td>비밀번호</td></tr>
<tr><td></td><td colspan="2"></td><td></td></tr>
<tr><td colspan="4">첨 부 서 면</td></tr>
<tr><td colspan="2">· 매매계약서(전자수입인지첨부) 통
· 취득세(등록면허세)영수필확인서 통
· 등기신청수수료 영수필확인서 통
· 등기필증 통
· 매매목록 통
· 위임장 통</td><td colspan="2">· 토지대장등본 통
· 집합건축물대장등본 통
· 주민등록표초본(또는 등본) 각 통
· 부동산거래계약신고필증 통
· 인감증명서나 본인서명사실확인서 또는 전자본인서명확인서 발급증 통
〈기 타〉</td></tr>
<tr><td colspan="4">년 월 일

위 신청인 ㉞ (전화 :)
㉞ (전화 :)
(또는)위 대리인 (전화 :)

지방법원 귀중</td></tr>
</table>

- 신청서 작성요령 -

* 1. 부동산표시란에 2개 이상의 부동산을 기재하는 경우에는 부동산의 일련번호를 기재하여야 합니다.
 2. 신청인란등 해당란에 기재할 여백이 없을 경우에는 별지를 이용합니다.
 3. 담당 등기관이 판단하여 위의 첨부서면 외에 추가적인 서면을 요구할 수 있습니다.

위 임 장		
부동산의표시		
등기원인과 그 연월일	년 월 일	
등 기 의 목 적		
대 리 인		
위 사람을 대리인으로 정하고 위 부동산 등기신청 및 취하에 관한 모든 권한을 위임한다. 또한 복대리인 선임을 허락한다. 년 월 일		
위임인		날 인

[위임장 양식]

다운로드 받은 파일에 수기로 내용을 입력할 수도 있지만, 대법원 인터넷등기소에서 제공하는 'e-Form'(등기신청서 작성시스템)을 이용하기를 추천합니다. 다운로드 받은 파일로 설명하는 부분은 내용 이해를 위해 참조만 하시기 바랍니다.

셀프등기를 위한 위임장 작성 요령(매도인 대신 등기소 출석)

소유권이전등기는 매도인과 매수인이 공동으로 신청하는 것이 원칙입니다. 매수인 셀프등기에는 매도인이 등기소에 가지 않는 대신 매수인이 매도인을 대신해서 등기소에 가서 등기신청서를 제출할 수 있다고 허락한다는 의미가 포함됩니다.

그러므로 위임장에 이러한 내용이 포함되도록 작성합니다. '대리인'란에 등기소에 가는 매수자의 이름 및 주소를 쓰고, '위임인'란에는 등기소에 가지 않는 매도인의 이름 및 주소를 기재합니다. '날인'란에는 반드시 매도인의 인감을 날인해야 합니다. '날짜'는 잔금일 날짜를 기재합니다.

나머지 부분은 등기신청서의 해당 항목에 쓴 내용과 똑같이 쓰면 됩니다. 워드나 한글로 수기 작성하였다면

위 임 장

부동산의 표시	
등기원인과 그 연월일	년 월 일
등 기 의 목 적	
대 리 인	매수인 이름 및 주소 기재

위 사람을 대리인으로 정하고 위 부동산 등기신청 및 취하에 관한 모든 권한을 위임한다. 또한 복대리인 선임을 허락한다.

년 월 일 잔금일 날짜

구분	내용	날 인
위임인	매도인 이름 및 주소 기재	인감날인

[매수인 셀프등기 시 위임장 작성법]

복사해서, 붙여 넣으면 되고, 'e-Form'을 이용해 등기신청서를 작성하면서 저장된 정보를 불러와 자동으로 입력

※ 뒷면의 기재요령을 읽고 작성하여 주시기 바랍니다.

<table>
<tr><td colspan="3">위 임 장</td></tr>
<tr><td>① 부동산의 표시</td><td colspan="2">1. 서울특별시 서초구 서초동 100
대 100m²
2. 서울특별시 서초구 서초동 100
[도로명주소] 서울특별시 서초구 서초대로88길 10
시멘트 벽돌조 슬래브지붕 2층 주택
1층 100m²
2층 100m²
이 상</td></tr>
<tr><td colspan="2">② 등기원인과 그 연월일</td><td>2017년 4월 3일 매매</td></tr>
<tr><td colspan="2">③ 등 기 의 목 적</td><td>소유권이전</td></tr>
<tr><td colspan="2">④ 이 전 할 지 분</td><td></td></tr>
<tr><td>⑤ 대 리 인</td><td colspan="2">김 갑 돌
서울특별시 중구 다동길 96(다동)</td></tr>
<tr><td colspan="3">위 사람을 대리인으로 정하고 위 부동산 등기신청 및 취하에 관한 모든 권한을 위임한다. 또한 복대리인 선임을 허락한다.
⑥ 2017년 5월 26일</td></tr>
<tr><td>⑦ 위임인</td><td>이 대 백
서울특별시 서초구 서초대로88길 10(서초동)

홍 길 동
서울특별시 서초구 서초대로88길 20,
101동 101호(서초동, 서초아파트)</td><td>날 인</td></tr>
</table>

[위임장 샘플]

해 위임장을 더 간편하게 작성할 수 있습니다.

샘플을 보고 설명해 보겠습니다. 샘플과 같이 위임인이 두 명 이상인 경우도 있습니다. 공동명의로 된 부동산을 사거나 매수한 부동산을 부부 공동명의로 등기하는 사례가 될 수 있고, 두 가지가 다 적용될 수도 있습니다.

이대백, 홍길동이 '위임인'이 되어 등기소에 가지 않고, 김갑돌만 등기소에 간다는 뜻입니다. 김갑돌이 매매 당사자라면 매수인이고, 아니라면 법무사라고 보시면 됩니다.

A, B가 소유한 아파트를 부부인 C, D가 매수하고 D가 셀프등기를 하러 등기소에 간다면, 위임인은 A, B, C가 되고, D가 대리인이 되도록 기재하면 됩니다. 이때 A, B의 날인은 반드시 인감증명서에 등록된 인감을 사용해야 합니다. C는 일반도장으로 날인하여도 됩니다(물론 등록된 서명도 인감을 대신할 수 있습니다).

등기신청서는 D의 명의로 작성하고, D는 매수자이므로 일반도장을 날인해 제출하면 됩니다. 즉 등기신청 위임을 받은 당사자를 등기신청서 작성자로 기재합니다. 나머지 A, B, C는 상기 위임장에 날인하면 충분하고, 등기신청서의 당사자가 되지 않아도 됩니다.

부동산 표시 항목에 기재사항이 많아 별지가 필요한 경우 등 위임장이 2장을 넘는 경우라면, 1면의 반 정도를

시가표준액 및 국민주택채권매입금액		
부동산 표시	부동산별 시가표준액	부동산별 국민주택채권매입금액
1.	금 원	금 원
2.	금 원	금 원
3.	금 원	금 원
국 민 주 택 채 권 매 입 총 액		금 원
국 민 주 택 채 권 발 행 번 호		

취득세(등록면허세) 금 원	지방교육세 금 원
	농어촌특별세 금 원
세 액 합 계	금 원
등 기 신 청 수 수 료	금 원
	납부번호 :
	일괄납부 : 건 원

등기의무자의 등기필정보		
부동산고유번호		
성명(명칭)	일련번호	비밀번호
부동산고유번호		
성명(명칭)	일련번호	비밀번호

첨 부 서 면	
· 매매계약서(전자수입인지첨부) 통	· 주민등록표초본(또는 등본) 각 통
· 취득세(등록면허세)영수필확인서 통	· 부동산거래계약신고필증 통
· 등기신청수수료 영수필확인서 통	· 매매목록 통
· 위임장 통	· 인감증명서나 본인서명사실확인서 또는 전자본인서명확인서 발급증 통
· 등기필증 통	〈기 타〉
· 토지·임야·건축물대장등본 각 통	

년 월 일

위 신청인 김갑돌 ㊞ (전화 :)

㊞ (전화 :)

(또는)위 대리인 (전화 :)

지방법원 귀중

- 신청서 작성요령 -

* 1. 부동산표시란에 2개 이상의 부동산을 기재하는 경우에는 부동산의 일련번호를 기재하여야 합니다.
  2. 신청인란등 해당란에 기재할 여백이 없을 경우에는 별지를 이용합니다.
  3. 담당 등기관이 판단하여 위의 첨부서면 외에 추가적인 서면을 요구할 수 있습니다.

- 2 -

[등기신청 위임을 받은 당사자를 등기신청서 작성자로 기재]

접고, 1면의 뒷면과 2면의 앞면이 만나는 지점에 인장을 찍어 1면 뒷면과 2면의 앞면에 도장의 절반이 찍히도록 간인을 합니다. 여러 장인 경우 각 장 사이에 동일한 방법으로 간인을 합니다. 간인은 여러 장인 서류의 앞면과 뒷면을 연결하기 위함이며, 간혹 내용이 다른 서류가 끼어들어 내용에 혼란이 생기는 일을 막아 줍니다.

첨부서류

작성한 등기신청서와 위임장 외 다음의 첨부 서류를 빠짐 없이 등기소에 제출하여야 합니다.

준비사항

매도인	매수인	기타
• 등기필정보 • 매도인용 인감증명서 • 주민등록초본(주소 이력 포함) *인감도장	• 등기신청서 및 위임장 작성 • 주민등록등본(주소 이력 포함) • 매매계약서 원본, 사본 각 1부 *일반도장 *신분증(등기소 방문) *가족관계증명서	• 부동산거래신고필증 2부 • 집합건축물대장 • 토지대장(대지권 포함) • 위임장(매도인 인감으로 날인) *'e-Form' 작성 시 생략 가능

매도인 또는 매수인이 여러 명인 경우 각자 서류를 준비합니다.

매수인이 준비할 기본 서류

부동산거래 신고필증: 매매거래 후 부동산 중개인이 대행하여 부동산매매 거래 내역을 구청에 신고하고, 구청이 접수를 완료하면 부동산거래신고필증이 발급됩니다. 매매계약 잔금일에 중개인에게 2부를 작성하여 달라고 하거나 국토해양부 홈페이지에서 직접 조회 후 출력합니다. (거래신고 조회화면 및 방법은 - 49, 196쪽 참조)

토지대장: 정부24시 발급

집합건축물대장: 정부 24시 발급

주민등록표등본(정확한 명칭): 정부 24시 발급

매수인이 준비할 추가 서류

취득세 납부 영수증, 국민주택채권 매입 영수증, 수입인지, (소유권이전)등기신청수수료 납부 영수증

추가 서류는 구매 또는 납부 후 받은 영수증의 성질을 가진 서류입니다. 구체적으로 부동산 중개소에서 잔금을 치르고 취득세 납부 후 취득세납부필확인서, 국민주택채

권 매입 영수증, 수입인지, 등기신청수수료 납부 영수증입니다.

국민주택채권 매입 영수증과 등기신청수수료 납부 영수증에 기재된 정보를 등기신청서에 기재하고, 영수증도 등기소에 제출해야 합니다.

이해를 위해 잔금 당일 은행에서 납부한다고 설명을 하였지만, 가급적 잔금일 이전에 미리 인터넷으로 납부하고 각 영수증을 출력해 두는 게 좋습니다. 상세한 내용은 해당란에서 설명하겠습니다.

매도인이 준비할 기본 서류

등기필정보, 매도인용 인감증명서, 주민등록초본(주소 이력 포함), 인감도장

10분 만에 등기신청서 작성하는 Tip

매매계약서 활용하기

매매계약서에 부동산 거래에 관한 기본 정보가 있습니다. 매매계약서를 보고 등기신청서에 들어갈 거래가액,

등기원인, 연월일, 등기 목적, 등기의무자, 등기권리자를 찾아서 기록합니다(등기신청서는 'e-Form'을 이용해 작성합니다).

아파트(부동산) 매매 계약은 중개사무소에서 진행됩니다. 중개인이 미리 준비한 매매계약서 양식에 매매물건, 매매금액(계약금, 잔금), 계약일, 잔금일, 특약사항을 합의하고, 매매계약서에 사인하거나 도장을 찍습니다. 그리고 계약 날짜(예시 2021년 3월 1일)를 씁니다.

중개인이 소유자 확인을 위해 매도인(소유자)의 신분증과 매매물건에 대한 부동산 등기부등본(소유자가 맞는지 확인하는 국가 서류)을 보여 줍니다.

매매계약서에 적힌 매매금액은 등기신청서 ① 부동산의 표시(거래신고관리번호/거래가액) 중 거래가액이 됩니다.

매매계약 체결일은 등기신청서 ② 등기원인과 그 연월일의 날짜 정보가 됩니다.

해당란을 '2021년 3월 1일 매매'로 기재합니다.

그리고 등기신청서 ③ 등기의 목적은 '소유권이전'이 됩니다.

매매계약서의 매도인(파는 사람)은 ⑤ 등기의무자이고

다세대 매매 계약서

매도인과 매수인 쌍방은 아래 표시 부동산에 관하여 다음 내용과 같이 매매계약을 체결한다.

1. 부동산의 표시

소재지					
토 지	지 목		대지권	면 적	19.8㎡
건 물	구 조		용 도	면 적	28.94㎡

2. 계약내용

제1조 (목적) 위 부동산의 매매에 대하여 매도인과 매수인은 합의에 의하여 매매대금을 아래와 같이 지불하기로 한다.

매매대금	금 원정 (₩)		
계 약 금	금 원정 (₩)은 계약시에 지불하고 영수함.	영수자	(인)
중 도 금	원정은 년 월 일 에 지불하며		
	원정은 년 월 일 에 지불하며		
잔 금	금 일억이백만 원정 (₩102,000,000)은 2016년 6월 9일 에 지불한다.		
융 자 금			

제2조 (소유권 이전 등) 매도인은 매매대금의 잔금 수령과 동시에 매수인에게 소유권이전등기에 필요한 모든 서류를 교부하고 등기절차에 협력하여, 위 부동산의 인도일은 2016년 6월 9일 로 한다.

제3조 [제한권 등 소멸] 매도인은 위 부동산에 대하여 소유권의 행사를 제한하는 사유나, 공과금 기타 부담금의 미납이 있을 때에는 잔금 수수일 이전까지 그 권리의 하자 및 부담 등을 제거하여 완전한 소유권을 매수인에게 이전하여야 한다. 다만 승계하기로 합의하는 권리 및 금액은 그러하지 아니하다.

제4조 [제세공과금] 위 부동산에 관하여 발생한 수익과 조세공과 등의 부담금은 부동산의 인도일을 기준으로하여 그 전일까지의 것 매도인에게 그 이후의 것은 매수인에게 각각 귀속한다. 단, 지방세 납부의무 및 납부책임은 지방세법의 규정에 따른다.

제5조 [계약의 해제] 매수인이 매도인에게 계약당시 계약금 또는 보증금 명목으로 금전이나 물건을 교부한 때에는 다른 약정이 없는 한 중도금(중도금이 없을 때에는 잔금)을 지불할때까지는 매도인은 계약금의 배액을 상환하고, 매수인은 계약금을 포기하고 본 계약을 해제할 수 있다.

제6조 [채무불이행과 손해배상] 매도인 또는 매수인에게 본 계약상의 채무불이행이 있었을 경우에는 그 상대방은 불이행을 한 자에 대하여 서면으로 이행을 최고하고 본 계약을 해제할 수 있다. 그리고 계약당사자는 계약해제에 따른 손해배상을 각각 상대방에 대하여 청구할 수 있으며, 별도의 약정이 없는한 계약금을 손해배상의 기준으로 본다.

제7조 [중개보수] 개업공인중개사의 중개보수는 다른약정이 없는한 본 계약의 체결과 동시에 매도인과 매수인 쌍방이 각각 지불하여, 개업공인중개사의 고의나 과실없이 매도인 또는 매수인의 사정으로 본 계약이 무효, 취소, 해제되어도 중개보수는 지급한다.

제8조 (중개대상물 확인·설명서 교부등) 개업공인중개사는 중개대상물 확인·설명서를 작성하고 업무보증관계증서(공제증서등) 사본을 첨부하여 2016년 5월 19일 거래당사자 쌍방에게 교부한다.

[특약사항]

1.이계약은 기본및 현상태의계약임,상기물건을 상호확인하였음.
2.상기물건에 보증금₩일천만원에 월세₩사십만원 있으며 매매잔금과동시에 매수인께서 승계한다(현임차인:성지윤).
3.상기물건에 하나은행채권최고액 금108,000,000원 근저당설정있으며 매매잔금과동시에 매도인께서 전액상환말소하여준다.
4.윤소영님께서 책임지고 대리계약하고 2016년5월26일 안으로 위임장과 인감증명서 첨부즉시 나머지계약금 매도인계좌로 송금한다.
5.매도인계좌(농협 [illegible]).
6.매도인의기대출금을 매수인이 승계요청하면 승계할수있다.
7.잔금은 잔금일안으로 상호협의하여 조정할수있다.
8.계약금중 금일 ₩이백만원 매도인계좌로 송금한다.
9.매매잔금에서 임대보증금 ₩일천만원공제하고 지불한다.

본 계약을 증명하기 위하여 계약 당사자가 이의 없음을 확인하고 각각 서명 또는 날인한다. 2016년 5월 19일
(부동산거래신고 결과 및 도로명주소 문자수신 동의 함 날인)

매도인	주 소						(인)
	주민번호		전 화		성 명		
	대리인	주민번호	전 화		성 명		
		주소					
매수인	주 소						(인)
	주민번호		전 화		성 명		

개업공인중개사	사무소소재지			사무소소재지			
	사무소명칭			사무소명칭			
	대 표	서명및날인	(인)	대 표	서명및날인		(인)
	등록번호	92416325	전 화 02-2651-	등록번호		전 화	
	소속공인중개사	서명및날인	(인)	소속공인중개사	서명및날인		(인)

※ 매도인, 매수인 및 개업공인중개사는 매장마다 간인하여야 하며 각 1통씩 보관합니다.

[매매계약서 샘플]

매매계약서의 매수인(사는 사람)은 ⑥ 등기권리자입니다.

매매계약서를 보고 등기의무자와 등기권리자의 성명, 주민등록번호, 주소를 기재합니다. 매도인의 현 주소와 부

소유권이전등기신청(매매)

접 수	년 월 일	처 리 인	등기관 확인	각종 통지
	제 호			

① 부동산의 표시(거래신고관리번호/거래가액)
1. 서울특별시 서초구 서초동 100 **대 300㎡** **2. 서울특별시 서초구 서초동 100** **[도로명주소] 서울특별시 서초구 서초대로88길 10** **시멘트 벽돌조 슬래브지붕 2층 주택** **1층 100㎡** **2층 100㎡** 거래신고관리번호 : **12345-2017-4-1234560** 거래가액 : **500,000,000원** **이 상**

② 등기원인과 그 연월일	**2017년 4월 3일 매매**
③ 등 기 의 목 적	**소유권이전**
④ 이 전 할 지 분	

구분	성 명 (상호·명칭)	주민등록번호 (등기용등록번호)	주 소 (소 재 지)	지 분 (개인별)
⑤ 등기의무자	**이 대 백**	**700101-1234567**	**서울특별시 서초구 서초대로88길 20(서초동)**	
⑥ 등기권리자	**김 갑 돌**	**801231-1234567**	**서울특별시 중구 다동길 96(다동)**	

- 3 -

[등기신청서 작성 예시]

동산등기에 기록된 주소가 다른 경우 현재 주소를 기록합니다. 종종 매도인이 이사를 하는 경우가 있어, 매도인의 주민등록초본을 제출하도록 합니다. 즉 등기소는 부동산 등기부등본상 매도인의 주소와 현재 주민등록초본상의 주소가 다른 경우 주민등록초본상의 주소를 기준으로 삼습니다. 매도인이 이사를 하지 않았더라도 반드시 제출하는 필수 서류입니다.

부동산 등기부등본 활용하기

관할 등기소

중개인이 소유자 확인을 위해 소유자의 신분증과 등기부등본(소유자가 맞는지 확인하는 국가 서류)을 보여 줍니다. 등기부등본 마지막장 오른쪽 밑에 적힌 '등기소 또는 법원 등기국' 정보를 주의깊게 봐야 합니다. 셀프등기를 위해 방문해야 할 등기소입니다.

샘플은 서울중앙 지방법원 등기국으로 되어 있습니다. 워드나 한글파일로 작성하는 경우 등기부에 적힌 등기소로 수정 입력하고, 'e-Form'으로 작성할 때는 초기에 입력합니다.

[집합건물] 서울특별시 양천구 목동 506-13 휴먼하이빌

표시번호	대지권종류	대지권비율	등기원인 및 기타사항
2			~~별도등기 있음~~ ~~1토지(을구 3번 근저당권설정등기)~~ ~~2013년10월31일~~
3			2번 별도등기말소 2013년11월21일

【 갑 구 】	(소유권에 관한 사항)			
순위번호	등 기 목 적	접 수	등 기 원 인	권리자 및 기타사항
2	소유권이전	2013년11월21일 제54490호	2013년7월9일 매매	소유자 구민수 750506- 서울특별시 양천구 목동중앙북로12길 17, (목동,휴먼하이빌)

【 을 구 】	(소유권 이외의 권리에 관한 사항)			
순위번호	등 기 목 적	접 수	등 기 원 인	권리자 및 기타사항
4	근저당권설정	2016년5월4일 제20418호	2016년5월4일 설정계약	~~채권최고액 금168,000,000원~~ 채무자 구민수 서울특별시 양천구 목동중앙북로12길 17, (목동,휴먼하이빌) 근저당권자 강서농업협동조합 114936- 서울특별시 강서구 금낭화로 127 (방화동) (염창역지점)
4-1	4번근저당권변경	2018년4월12일 제73463호	2018년4월11일 변경계약	채권최고액 금70,800,000원

-- 이 하 여 백 --

관할등기소 서울남부지방법원 등기국

* 실선으로 그어진 부분은 말소사항을 표시함. * 기록사항 없는 갑구, 을구는 '기록사항 없음' 으로 표시함.
* 증명서는 컬러 또는 흑백으로 출력 가능함.
* 본 등기사항증명서는 열람용이므로 출력하신 등기사항증명서는 법적인 효력이 없습니다.

열람일시 : 2021년11월22일 16시46분43초

2/2

2017년 5월 26일

⑬ 위 신청인 **이 대 백** ㊞ (전화 : **010-1234-5678**)
김 갑 돌 ㊞ (전화 : **010-5678-1234**)
(또는)위 대리인 (전화 :)

서울중앙 지방법원 **등기국** 귀중

부동산 고유번호

등기부등본 앞장 우측 상단에 '부동산고유번호'를 눈에 띄게 표시합니다. 부동산고유번호를 쓰면 'e-Form'으로 등기신청서를 작성할 때나 등기부를 발급 받을 때, 지번주소, 도로명 주소를 사용하는 것보다 더 정확하고 빠르게 부동산을 찾을 수 있습니다.

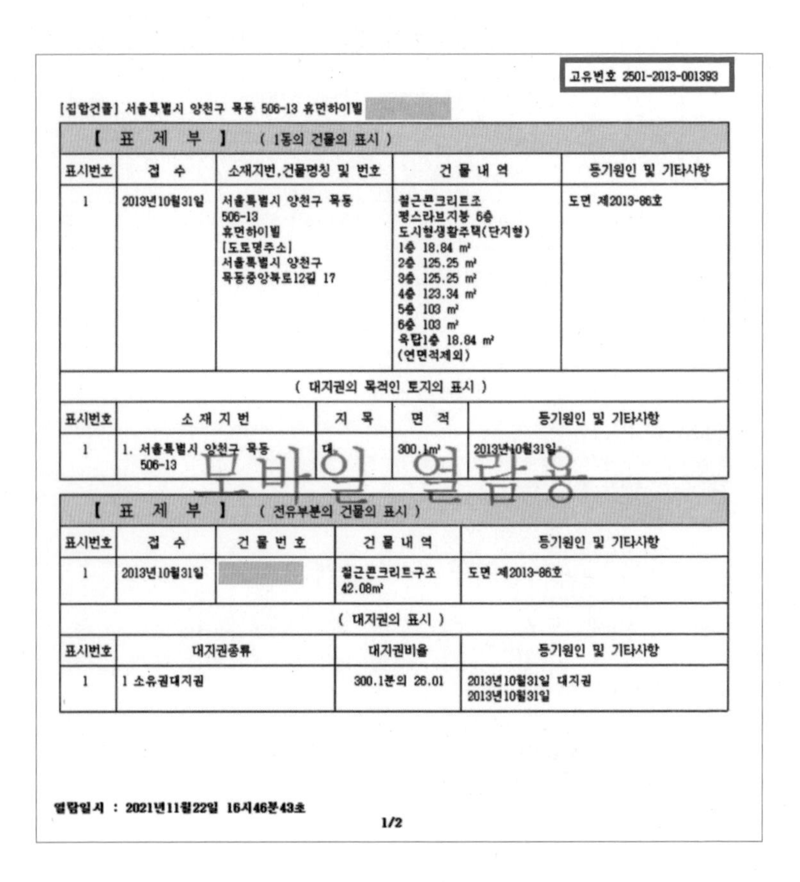

고유번호 2501-2013-001393

[집합건물] 서울특별시 양천구 목동 506-13 휴먼하이빌

【 표 제 부 】 (1동의 건물의 표시)

표시번호	접 수	소재지번,건물명칭 및 번호	건 물 내 역	등기원인 및 기타사항
1	2013년10월31일	서울특별시 양천구 목동 506-13 휴먼하이빌 [도로명주소] 서울특별시 양천구 목동중앙북로12길 17	철근콘크리트조 평스라브지붕 6층 도시형생활주택(단지형) 1층 18.84 ㎡ 2층 125.25 ㎡ 3층 125.25 ㎡ 4층 123.34 ㎡ 5층 103 ㎡ 6층 103 ㎡ 옥탑1층 18.84 ㎡ (연면적제외)	도면 제2013-86호

(대지권의 목적인 토지의 표시)

표시번호	소 재 지 번	지 목	면 적	등기원인 및 기타사항
1	1. 서울특별시 양천구 목동 506-13	대	300.1㎡	2013년10월31일

【 표 제 부 】 (전유부분의 건물의 표시)

표시번호	접 수	건 물 번 호	건 물 내 역	등기원인 및 기타사항
1	2013년10월31일		철근콘크리트구조 42.08㎡	도면 제2013-86호

(대지권의 표시)

표시번호	대지권종류	대지권비율	등기원인 및 기타사항
1	1 소유권대지권	300.1분의 26.01	2013년10월31일 대지권 2013년10월31일

열람일시 : 2021년11월22일 16시46분43초

1/2

부동산의 표시

매매대상 부동산 정보를 등기신청서에 수기 입력할 때, 부동산 등기부 등본을 활용합니다.

가. 1동 건물의 표시

나. 전유부분의 건물의 표시

다. 대지권의 표시

등기부등본의 가~다를 찾아 눈에 띄게 표시합니다. 등기신청서(샘플)에 기재해야 할 부동산 정보는 부동산 등기부등본 곳곳에 흩어져 있습니다.

일반인이 등기부등본을 보고 등기신청서 샘플과 같이 빠짐 없이 작성하는 것은 쉽지 않습니다. 시간도 많이 걸립니다. 아파트의 경우 면적, 대지권의 표시 부분을 빠트리는 실수를 많이 하게 됩니다.

① 부동산의 표시(거래신고관리번호/거래가액)
1동의 건물의 표시 서울특별시 서초구 서초동 100 서울특별시 서초구 서초동 101 샛별아파트 가동 [도로명주소] 서울특별시 서초구 서초대로88길 10 전유부분의 건물의 표시 건물의 번호 1-101 구 조 철근콘크리트조 면 적 1층 101호 86.03㎡ 대지권의 표시 토지의 표시 1. 서울특별시 서초구 서초동 100 대 1,400㎡ 2. 서울특별시 서초구 서초동 101 대 1,600㎡ 대지권의 종류 소유권 대지권의 비율 1,2 : 3,000분의 500

'e-Form'을 이용하여 작성하면 '부동산고유번호' '매매' 등 사항을 입력하면 데이터베이스에서 해당 부동산의 ① 부동산 표시 정보를 찾아 등기신청서에 자동으로 입력해 주기 때문에 편하고, 입력 오류를 막을 수 있습니다.

지분 정보 입력

일반적인 매매, 즉 매도인이 1인, 매수자가 1인이라면 공란으로 둡니다.

⑤ 등기의무자	이 대 백	700101-1234567	서울특별시 서초구 서초대로88길 20(서초동)	
⑥ 등기권리자	김 갑 동	801231-1234567	서울특별시 서초구 서초대로88길 10, 가동 101호(서초동, 샛별아파트)	

아파트 중 일부 지분을 매매하거나 매도인 또는 매수자가 여러 명일 때 적습니다. 즉 1명으로부터 아파트 1채를 1명이 매수할 때는 비워두는 칸입니다.

부동산거래계약신고필증 - 거래신고관리번호

중개인이 주는 부동산거래계약신고필증(중개인이 부동산거래신고 후 구청이 이를 확인하고 내어준 서류)을 보고 등기신청서 부동산의 표시 하단에 거래신고관리번호 17자리를 씁니다. 신고필증 왼쪽 꼭대기에 '관리번호' 정보가 있습니다.

① 부동산의 표시(거래신고관리번호/거래가액)

1동의 건물의 표시
서울특별시 서초구 서초동 100
서울특별시 서초구 서초동 101 샛별아파트 가동
[도로명주소] 서울특별시 서초구 서초대로88길 10
전유부분의 건물의 표시
건물의 번호 1-101
구 조 철근콘크리트조
면 적 1층 101호 86.03㎡
대지권의 표시
토지의 표시
1. 서울특별시 서초구 서초동 100 대 1,400㎡
2. 서울특별시 서초구 서초동 101 대 1,600㎡
대지권의 종류 소유권
대지권의 비율 1,2 : 3,000분의 500
거래신고관리번호 : 12345-2017-4-1234560 거래가액 : 350,000,000원
이 상

관리번호	11470-2021-4-0006768	접수번호	0010762	접수일	2021년 11월 11일

부동산거래계약신고필증

매도인	성명(법인명) 구민수	생년월일(법인·외국인등록번호)	국적 대한민국
	주소(법인 소재지) 서울특별시 영등포구 국제금융로7길 20. (여의도동, 대교아파트)		거래 지분 비율 1 분의 1
	전화번호	휴대전화번호	
매수인	성명(법인명) 김도연	생년월일(법인·외국인등록번호)	국적
	주소(법인소재지) 서울특별시		거래 지분 비율
	전화번호	휴대전화번호	
개업 공인중개사	성명(법인명) 김나령	생년월일(법인·외국인등록번호) 등록번호 대체	
	전화번호	휴대전화번호	
	상호	등록번호	
	사무소 소재지		

거래대상	종류	[ ]토지 [ ]건축물 ( ) [○] 토지 및 건축물 (다세대주택)		
		[ ]공급계약 [ ]전매 [ ]분양권 [ ]입주권	[ ]준공전 [ ]준공후 [ ]임대주택 분양전환	
	소재지 / 지목 / 면적	소재지 서울특별시 양천구 목동 506-13 휴먼하이빌		
		지목 대	토지면적 300.1 ㎡	토지거래지분
		대지권비율 300.1분의 26.01	건축물면적 42.08 ㎡	건축물거래지분
	계약대상 면적	토지 26.01 ㎡	건축물 42.08 ㎡	
	물건별 거래가격	거래금액	320,000,000 원	
		공급계약 또는 전매	분양가격 원	발코니 확장 등 선택비용 원 / 추가 지불액 등 원
총 실제 거래가격 (전체)	합 계 320,000,000 원	계약금		계약체결일
		중도금		중도금 지급일
		잔금		잔금 지급일
계약의 조건 및 참고사항	특이사항 없음			
	특이사항 없음			

「부동산 거래신고 등에 관한 법률」 제3조제5항 및 같은 법 시행규칙 제2조제11항에 따라 부동산 거래계약 신고필증을 발급합니다.

2021년 11월 12일

양천구청장 (양천구청장인)

※ 유의사항
입주권 거래신고의 경우에는 입주권 거래가격이 표시된 신고필증과 종전 토지 거래가격이 표시된 신고필증 등 2부가 발급됩니다.
소유권을 이전하려는 부동산의 종류에 맞는 신고필증을 부동산등기 신청서에 첨부하고, 「부동산등기 특별조치법」 제2조제1항 각 호의 구분에 따른날부터 60일 이내에 소유권이전등기 신청을 하시기 바랍니다.

담당공무원 : 이재용 (02-2620-3483)

[부동산거래계약신고필증]

참고로 정책으로 매매계약 체결일 이후 일정한 기간 내에 부동산거래신고를 해야 하며, 일반적으로 중개인이나 법무사가 대행합니다. 구축된 신고 시스템을 통해 온라인 신고가 이루어지며, 중개인은 부동산 매매정보(매매 부동산, 매수인, 매도인, 가격, 날짜 등)와 각종 서류를 스캔이나 사진을 첨부하는 방법으로 입력하고, 구청에서는 검토 후 신고를 접수합니다.

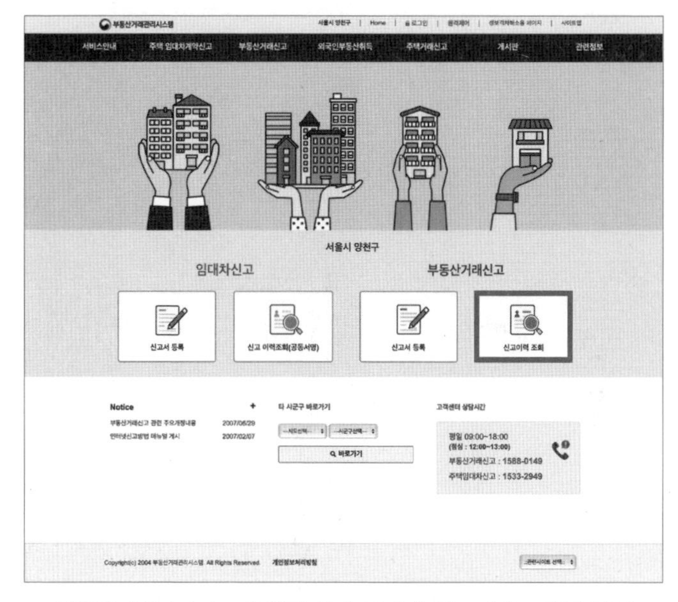

부동산거래관리시스템 화면. 우측 하단의 '신고이력 조회'를 통해 부동산거래신고 내역을 확인할 수 있다.

구청에서 검토가 끝나면 중개인과 거래 당사자는 부동산거래계약신고필증을 출력할 수 있습니다.

잔금일 이전에 등기신청서를 미리 작성하고 있다면, 중개인에게 신고필증을 사진으로 찍어서 보내달라고 요청합니다. 신고필증을 받지 못하였다면 이 부분은 비워두고 다음 항목을 입력하면 됩니다.

그리고 매매잔금일에 중개인 사무소에서 첨부 신고필증을 2부 받아 등기신청서 출력본에 수기로 기재하거나 'e-Form' 에서 수정 입력하면 됩니다.

부동산거래관리시스템은 구 공인인증서가 있으면 비교적 쉽게 본인의 매매정보를 조회하고, 부동산거래계약신고필증을 출력할 수 있습니다.

이것으로 등기신청서 1면의 작성이 끝났습니다.

이제 등기신청서 2면의 작성을 시작합니다.

시가표준액 및 국민주택채권매입금액		
부동산 표시	부동산별 시가표준액	부동산별 국민주택채권매입금액
1.	금 원	금 원
2.	금 원	금 원
3.	금 원	금 원
국 민 주 택 채 권 매 입 총 액		금 원
국 민 주 택 채 권 발 행 번 호		

취득세(등록면허세) 금 원	지 방 교 육 세 금 원
	농어촌특별세 금 원

세 액 합 계	금 원
등 기 신 청 수 수 료	금 원
	납부번호 :
	일괄납부 : 건 원

등기의무자의 등기필정보		
부동산고유번호		
성명(명칭)	일련번호	비밀번호

첨 부 서 면	
·매매계약서(전자수입인지첨부) 통	·토지대장등본 통
·취득세(등록면허세)영수필확인서 통	·집합건축물대장등본 통
·등기신청수수료 영수필확인서 통	·주민등록표초본(또는 등본) 각 통
·등기필증 통	·부동산거래계약신고필증 통
·매매목록 통	·인감증명서나 본인서명사실확인서 또는
·위임장 통	전자본인서명확인서 발급증 통
	〈기 타〉

년 월 일

위 신청인 ㊞ (전화 :)

㊞ (전화 :)

(또는)위 대리인 (전화 :)

지방법원 귀중

- 신청서 작성요령 -

* 1. 부동산표시란에 2개 이상의 부동산을 기재하는 경우에는 부동산의 일련번호를 기재하여야 합니다.
  2. 신청인란등 해당란에 기재할 여백이 없을 경우에는 별지를 이용합니다.
  3. 담당 등기관이 판단하여 위의 첨부서면 외에 추가적인 서면을 요구할 수 있습니다.

- 2 -

[등기신청서 2면 샘플]

매도인으로부터 받은 등기필정보 이용

⑪ 등기의무자의 등기필정보□		
부동산고유번호□	1102-2006-002095□	
성명(명칭)□	일련번호□	비밀번호□
이대백□	A77C-LO71-35J5□	

등기신청서 등기의무자의 등기필정보를 입력합니다. 잔금을 치르고 매도인으로부터 등기필정보(등기필정보 및 등기완료통지서)를 받으면 부동산고유번호, 등기의무자의 성명(매도인), 일련번호, 비밀번호를 찾아 출력한 등기신청서에 직접 쓰거나 작성 중인 화면에 입력합니다.

등기필정보, 등기신청수수료 납부번호 등을 기재하지 않아도 'e-Form'에서 작성을 마친 상태로 출력이 가능합니다. 등기필정보는 보통 잔금 후 매도인으부터 전달받게 되므로 부동산 사무소 또는 등기소에서 출력한 등기신청서에 수기로 기재하게 됩니다.

참고로 등기필정보의 정식 명칭은 '등기필정보 및 등기완료통지서'입니다. 우리가 알고 있는 등기권리증 또는 등기필증과는 비슷하지만 조금 다릅니다. 명칭을 그대로 해석하면 '등기가 끝났다는 정보 및 등기가 완료되었음을 알려주는 서류'가 됩니다. 보안스티커를 떼고 나서 알게 되는 일련번호와 비밀번호가 아무나 알 수 없는 중요

정보입니다. 쉽게 말해, 새로운 등기를 신청하는 매수인이 두 가지 번호를 알고 있으면 매도인에게 제값을 치르고 구매했을 거라고 짐작할 수 있게 해주는 여러 자료 중 하나입니다. 이 서류 자체가 어르신들이 말하는 땅문서는 아니고, 서류 자체에 담긴 정보가 소유권이전등기신청을 위한 많은 '비밀번호' 정보 중 하나입니다. 그래서 등기신청 시 등기신청서에 등기필정보(부동산고유번호, 등기의무자의 성명, 일련번호, 비밀번호)를 기재하면 충분하고, 등기필정보 서류까지 제출할 필요는 없습니다.

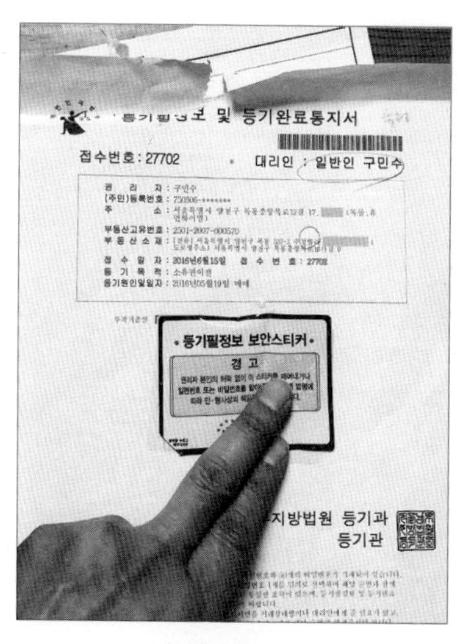
등기필정보 및 등기완료통지서
접수번호: 27702 대리인 : 일반인 구민수
권 리 자 : 구민수
(주민)등록번호 : 750306-*******
부동산고유번호 : 2501-2007-000570
접 수 일 자 : 2016년6월15일 접 수 번 호 : 27702
등 기 목 적 : 소유권이전
등기원인및일자 : 2016년05월19일 매매
• 등기필정보 보안스티커 •
경 고
지방법원 등기과
등기관

[등기필정보]

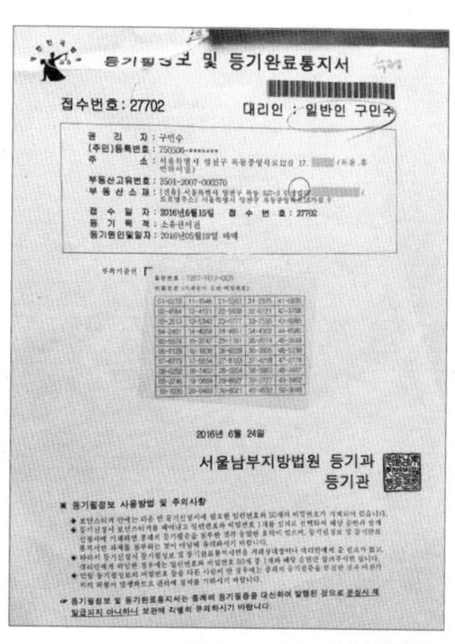
등기필정보 및 등기완료통지서
접수번호: 27702 대리인 : 일반인 구민수
권 리 자 : 구민수
(주민)등록번호 : 750306-*******
부동산고유번호 : 2501-2007-000570
접 수 일 자 : 2016년6월15일 접 수 번 호 : 27702
등 기 목 적 : 소유권이전
등기원인및일자 : 2016년05월19일 매매
2016년 6월 24일
서울남부지방법원 등기과
등기관
※ 등기필정보 사용방법 및 주의사항
☞ 등기필정보 및 등기완료통지서는 종래의 등기필증을 대신하여 발행된 것으로 분실시 재발급되지 아니하니 보관에 각별히 유의하시기 바랍니다.

[보안스티커를 제거한 등기필정보]

4층407

법무사 사무소

전 화 :

등 기 권 리 증

소 유 자 주식회사

접수 No. 1994. 12. 14

등기필

107225

[실제 등기필증(등기권리증)]

반면 등기필증(등기권리증)은 느낌상 땅문서에 조금 더 가깝다고 할 수 있습니다. 위의 사진이 등기필증(등기권리증)입니다. 등기소의 접수증과 등기필 날인이 있으며, 소유권이전등기신청 시 등기신청서와 함께 첨부되어야 합니다. 등기필정보를 입력할 필요는 없습니다.

등기신청 수수료 납부 후 납부번호를 기재하고 영수증 제출

등기신청 수수료 15,000원을 납부하고, 영수증에 기록된 납부번호와 해당 금액을 기재합니다.

⑩ 등 기 신 청 수 수 료	금 15,000원
	납부번호 : 12-12-12345678-0
	일괄납부 : 건 원

등기신청수수료 현금영수증 고 객 용

0006 119 2016-06-15 7031 2501 ₩15,000 정 상 16-88 -03609189-8
국고처리번호:0000222 750506- 구민수
₩15,000-현
₩150-수(1%)

70312016061513100947100047< 5J4EZEJ4PWH5ZPVPGZMEPG >

등기소명	남부등기소	관서계좌	1	1	8	3	1	6
금 액	15,000	숫자금액						
납부의무자(납부인) 성 명	구민수	주민(사업자) 등록번호	750506 -					
		연 락 처	010-360					

서울남부등기과

※ 납부 후 취소로 인한 환급 신청시에는 납부 당일은 은행수납 영업점에서, 이후에는 법원으로 환급 신청하셔야 합니다.

위와 같이 등기신청수수료를 현금으로 영수합니다.

신한은행 1-0047

년 월 일

납부자 서명 또는 ㊞

수납인

등기신청수수료 현금납부서 (2015. 07 개정) (3-2) 3-108-0439(20.0×13.0) NCR용지54g/m²

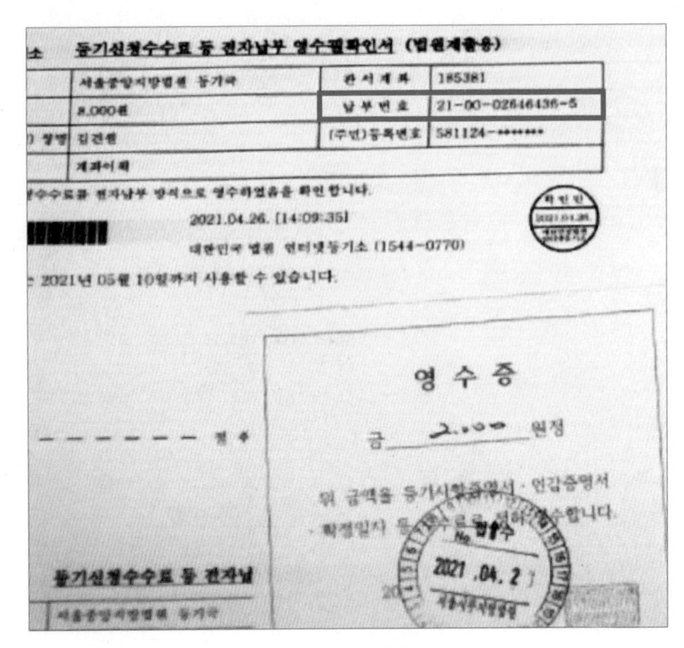
등기신청수수료 등 전자납부 영수필확인서 (법원제출용)

서울중앙지방법원 등기국	관서계좌 185381
8,000원	납부번호 21-00-02646436-5
	(주민)등록번호 581124-*******
계좌이체	

2021.04.26. [14:09:35]

대한민국 법원 인터넷등기소 (1544-0770)

2021년 05월 10일까지 사용할 수 있습니다.

영 수 증

금 원정

2021 .04. 2

[납부 영수증]

등기신청수수료는 직접 은행에 가서 내도 되고, 'e-Form' 작성 항목 아래 연결된 주소를 타고 가 납부하여도 됩니다. 납부 방식은 자유이며 납부 후 납부번호 기재와 함께 영수증을 보관·출력하여 등기소에 제출해야 합니다.

전자수입인지 구매

은행에서 전자수입인지를 구매 후 계약서 뒤에 첨부합니다. 은행에서 구매 신청서를 작성해야 하므로 정부수입인지 홈페이지에서 미리 구매하여 출력하는 게 좋습니다.

가격은 부동산의 기재금액이 1억 원 초과 10억 원 이하인 경우 15만 원이고, 10억 원을 초과하면 35만 원입니다.

전자수입인지는 매매계약서 바로 뒤에 붙여서 체출합니다.

□ 인지세율표

「인지세법 제3조」 과세문서 및 세액

과 세 문 서	세 액
1. 부동산·선박·항공기의 소유권이전에 관한 증서	기재금액이 1천만원 초과 3천만원 이하인 경우 2만원 기재금액이 3천만원 초과 5천만원 이하인 경우 4만원 기재금액이 5천만원 초과 1억원 이하인 경우 7만원 기재금액이 1억원 초과 10억원 이하인 경우 15만원 기재금액이 10억원을 초과하는 경우 35만원
2. 대통령령이 정하는 금융 · 보험기관과의 금전소비대차에 관한 증서	제1호에 규정된 세액
3. 도급 또는 위임에 관한 증서 중 법률에 따라 작성하는 문서로서 대통령령이 정하는 것	제1호에 규정된 세액
4. 소유권에 관하여 법률에 따라 등록 등을 하여야 하는 동산으로서 대통령령으로 정하는 자산의 양도에 관한 증서	3,000원
5. 광업권 · 무체재산권 · 어업권 · 출판권 · 저작인접권 또는 상호권의 양도에 관한 증서	제1호에 규정된 세액
6호 내지 11호 생략	
12. 채무의 보증에 관한 증서	
가. 사채보증에 관한 증서 또는 그 밖에 이와 유사한 것으로서 대통령령이 정하는 채무의 보증에 관한 증서	1만원
나. 「신용보증기금법」에 따른 신용보증기금이 발행하는 채무의 보증에 관한 증서 또는 그 밖에 이와 유사한 것으로서 대통령령으로 정하는 채무의 보증에 관한 증서	1,000원
다. 「보험업법」에 따른 보험업을 영위하는 자가 발행하는 보증보험증권, 「농림수산업자 신용보증법」 제4조에 따른 농림수산업자신용보증기금이 발행하는 채무의 보증에 관한 증서 또는 그 밖에 이와 유사한 것으로서 대통령령으로 정하는 채무의 보증에 관한 증서	200원

취득세 납부 후 납부 금액을 기재하고 영수필확인서 제출

구청에서 취득세 고지서를 발급받아 은행 등에서 납부 후 금액을 기재하고, 영수필확인서를 제출합니다. 영수증은 본인이 보관합니다.

등기신청서 기재사항은 취득세(등록면허세), 지방교육세, 농어촌특별세, 합계액입니다.

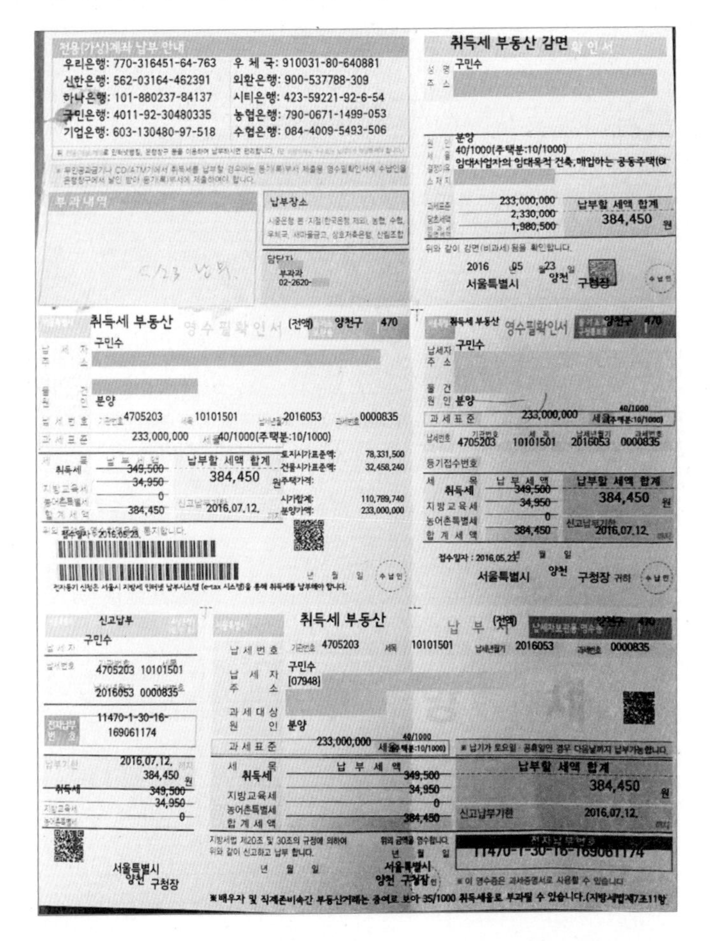

전용(가상)계좌 납부 안내
우리은행: 770-316451-64-763 우 체 국: 910031-80-640881
신한은행: 562-03164-462391 외환은행: 900-537788-309
하나은행: 101-880237-84137 시티은행: 423-59221-92-6-54
국민은행: 4011-92-30480335 농협은행: 790-0671-1499-053
기업은행: 603-130480-97-518 수협은행: 084-4009-5493-506

부과내역
납부장소
담당자 부과과 02-2620-

취득세 부동산 감면 확인서
성 명 구민수
주 소
분양
40/1000(주택분:10/1000)
임대사업자의 임대목적 건축, 매입하는 공동주택(6
과세표준 233,000,000
2,330,000
1,980,500
납부할 세액 합계 384,450 원
위와 같이 감면(비과세) 됨을 확인합니다.
2016 년 05 월 23 일
서울특별시 양천 구청장

취득세 부동산 영수필확인서 (전액) 양천구 470
납세자 구민수
주 소
물 건
원 인 분양
납세번호 기관번호 4705203 세목 10101501 납세년월기 2016053 과세번호 0000835
과세표준 233,000,000 세율 40/1000(주택분:10/1000)

세목	납부세액
취득세	349,500
지방교육세	34,950
농어촌특별세	0
합계세액	384,450

납부할 세액 합계 384,450 원
신고납부기한 2016.07.12.
토지시가표준액: 78,331,500
건물시가표준액: 32,458,240
주택가격:
시가합계: 110,789,740
분양가액: 233,000,000
접수일자: 2016.05.23.
전자등기 신청은 서울시 지방세 인터넷 납부시스템(e-tax 시스템)을 통해 취득세를 납부해야 합니다.

취득세 부동산 영수필확인서 양천구 470
납세자 구민수
주 소
물 건
원 인 분양
과세표준 233,000,000 세율 40/1000(주택분:10/1000)
납세번호 4705203 10101501 2016053 0000835
등기접수번호

세목	납부세액
취득세	349,500
지방교육세	34,950
농어촌특별세	0
합계세액	384,450

납부할 세액 합계 384,450 원
신고납부기한 2016.07.12.
접수일자: 2016.05.23. 년 월 일
서울특별시 양천 구청장 귀하

신고납부
납세자 구민수
납세번호 4705203 10101501 2016053 0000835
전자납부번호 11470-1-30-16-169061174
납부기한 2016.07.12.
384,450 원
취득세 349,500
지방교육세 34,950
농어촌특별세 0
서울특별시 양천 구청장

취득세 부동산 납부서 (전액) 양천구 470
납세번호 기관번호 4705203 세목 10101501 납세년월기 2016053 과세번호 0000835
납세자 구민수
주 소 [07948]
과세대상
원 인 분양
과세표준 233,000,000 세율 40/1000(주택분:10/1000)
※ 납기가 토요일·공휴일인 경우 다음날까지 납부가능합니다.

세목	납부세액
취득세	349,500
지방교육세	34,950
농어촌특별세	0
합계세액	384,450

납부할 세액 합계 384,450 원
신고납부기한 2016.07.12.
지방세법 제20조 및 30조의 규정에 의하여 위와 같이 신고하고 납부 합니다.
위의 금액을 영수합니다.
년 월 일
서울특별시 양천 구청장
전자납부번호 11470-1-30-16-169061174
※ 이 영수증은 과세증명서로 사용할 수 있습니다.
※ 배우자 및 직계존비속간 부동산거래는 증여로 보아 35/1000 취득세율로 부과될 수 있습니다.(지방세법제7조11항)

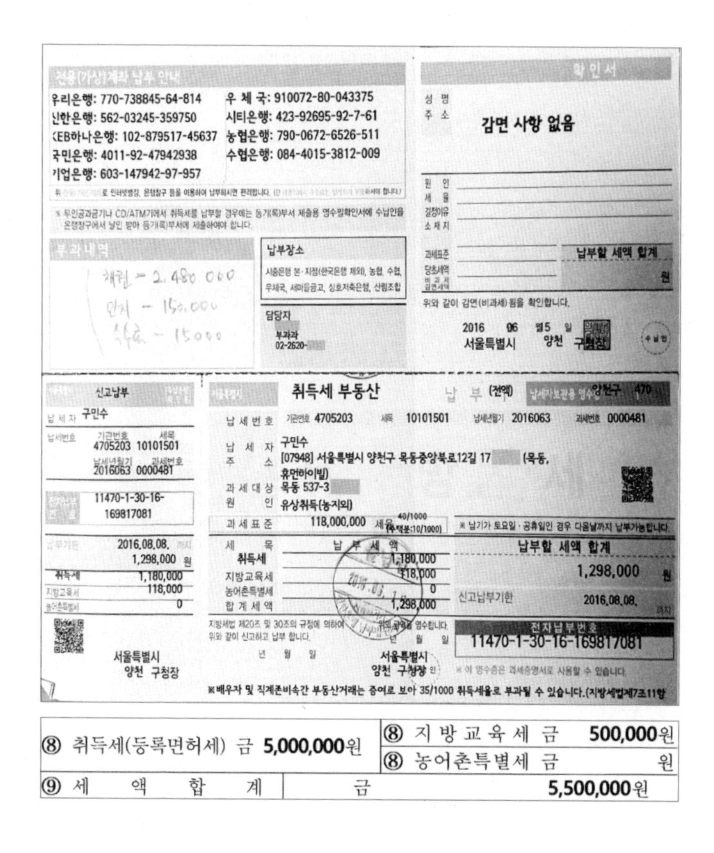

전용(가상)계좌 납부 안내

우리은행: 770-738845-64-814
우 체 국: 910072-80-043375
신한은행: 562-03245-359750
시티은행: 423-92695-92-7-61
KEB하나은행: 102-879517-45637
농협은행: 790-0672-6526-511
국민은행: 4011-92-47942938
수협은행: 084-4015-3812-009
기업은행: 603-147942-97-957

※ 무인공과금기나 CD/ATM기에서 취득세를 납부할 경우에는 등기(록)부서 제출용 영수필확인서에 수납인을 은행창구에서 날인 받아 등기(록)부서에 제출하여야 합니다.

부과내역

채권 – 2,480,000
인지 – 150,000
수수료 – 15000

납부장소

시중은행 본·지점(한국은행 제외), 농협, 수협, 우체국, 새마을금고, 신용협동조합, 산림조합

담당자
부과과
02-2620-

확인서

성 명
주 소

감면 사항 없음

원 인
세 율
감정이유
소 재 지
과세표준
당초세액
비 과 세 감면세액

납부할 세액 합계
원

위와 같이 감면(비과세) 됨을 확인합니다.

2016 06 월5 일
서울특별시 양천 구청장

신고납부

납 세 자 구민수

납세번호 기관번호 4705203 세목 10101501
납세년월기 2016063 과세번호 0000481

전자납부번호 11470-1-30-16-169817081

납부기한 2016.08.08. 까지
1,298,000 원

취득세 1,180,000
지방교육세 118,000
농어촌특별세 0

서울특별시 양천 구청장

취득세 부동산 납 부 (전액) 납세자보관용 영수증 양천구 470

납 세 번 호	기관번호 4705203 세목 10101501 납세년월기 2016063 과세번호 0000481
납 세 자	구민수
주 소	[07948] 서울특별시 양천구 목동중앙북로12길 17 (목동, 휴먼하이빌)
과 세 대 상	목동 537-3
원 인	유상취득(농지외)
과 세 표 준	118,000,000 세율 40/1000 (주택분:10/1000)

※ 납기가 토요일·공휴일인 경우 다음날까지 납부가능합니다.

세 목	납 부 세 액
취득세	1,180,000
지방교육세	118,000
농어촌특별세	0
합 계 세 액	1,298,000

납부할 세액 합계 1,298,000 원

신고납부기한 2016.08.08. 까지

지방세법 제20조 및 30조의 규정에 의하여 위와 같이 신고하고 납부 합니다.
년 월 일

위의 금액을 영수합니다.
년 월 일

서울특별시 양천 구청장

전자납부번호 11470-1-30-16-169817081

※ 이 영수증은 과세증명서로 사용할 수 있습니다.

※배우자 및 직계존비속간 부동산거래는 증여로 보아 35/1000 취득세율로 부과될 수 있습니다.(지방세법제7조11항

⑧ 취득세(등록면허세) 금 **5,000,000**원	⑧ 지 방 교 육 세 금	**500,000**원
	⑧ 농어촌특별세 금	원
⑨ 세 액 합 계	금	**5,500,000**원

위택스를 통해 미리 신청하지 않은 경우 매매잔금일 당일 구청 방문이 필요합니다. 구청에 비치된 취득세 신고서를 작성·제출하고, 부동산거래신고필증사본, 토지대장 사본, 건축물대장 사본을 함께 제출합니다.

이를 접수한 구청 직원이 단말기에 해당 정보를 수기 입력하면 은행가상계좌번호를 포함한 취득세 고지서가

발행됩니다. 매수자는 이를 은행에 납부하고 영수필확인서를 등기소에 제출합니다. 미리 출력한 등기신청서에 취득세, 지방교육세, 농어촌특별세와 세액합계 납부 금액을 아라비아 숫자로 기재합니다.

참고로 취득세 고지서는 확인서, 영수필확인서, 납세자 보관용으로 구분되며, 등기소에는 영수필확인서를 제출합니다.

취득세 신고는 위택스를 통해 잔금일 당일 오전 7시부터 가능하며, 위택스를 통해 사전 신고를 하지 않으면 등기소 방문 전 반드시 구청을 직접 방문해서 고지서를 수령하여야 합니다. 인터넷뱅킹으로 취득세를 납부한 경우에는 납부 후 증명 자료를 등기소에 제출할 방법(출력 후 서류 제출)이 애매합니다.

실물 고지서를 받고 은행에 직접 납부하여 은행 확인 도장이 찍힌 영수필확인서를 제출하는 방법이 빠른지, 당일 오전에 위택스를 통해 신고하고 인터넷뱅킹으로 납부한 뒤 등기소 현장 PC에서 납부필 영수증을 출력하는 게 더 빠른지 판단하기는 조금 어렵지만, 구청을 직접 방문하지 않는 방법을 추천합니다.

위택스 홈페이지를 통해 미리 세금 계산이 가능하

고, 신고도 가능합니다.(위택스 홈페이지를 이용한 신고 방법-207쪽 참조)

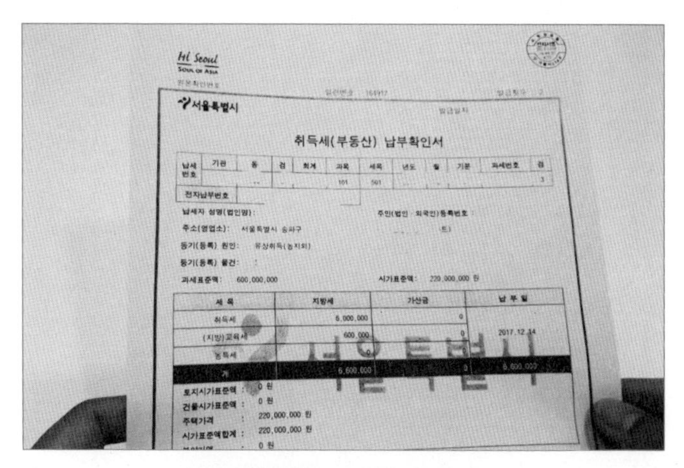

Hi Seoul
SOUL OF ASIA

서울특별시

취득세(부동산) 납부확인서

납세번호	기관	동	검	회계	과목	세목	년도	월	기분	과세번호	검
					101	501					3

전자납부번호

납세자 성명(법인명):

주민(법인·외국인)등록번호 :

주소(영업소): 서울특별시 송파구

등기(등록) 원인: 유상취득(농지외)

등기(등록) 물건:

과세표준액: 600,000,000

시가표준액: 220,000,000 원

세 목	지방세	가산금	납 부 일
취득세	6,000,000	0	2017.12.14
(지방)교육세	600,000	0	
농특세	0	0	
계	6,600,000	0	6,600,000

토지시가표준액 : 0 원
건물시가표준액 : 0 원
주택가격 : 220,000,000 원
시가표준액합계 : 220,000,000 원

[위택스를 통해 출력한 납부확인서]

부동산 정부 정책에 따라 취득세 중과 또는 감면 혜택의 변동이 심합니다. 최근 다주택자가 부동산을 취득할 경우 취득세가 중과되고 있습니다. 위택스 홈페이지를 통해 납부할 취득세를 미리 예상해 보는 것이 좋습니다.

다음의 자료는 다주택자 취득세 중과 자료입니다.

그리고 위택스를 통한 취득세 신고는 가능하지만, 감면 혜택을 받으려면 구청을 직접 방문하여야 합니다.

□ 취득세 및 등록면허세율표(지방세법 제11조, 제28조)

세목	등기유형	기본세율	비고	기타
	부동산등기			
취득세	상속으로 인한 소유권이전(수탁자에서 위탁자의 상속인으로 신탁재산이 이전되는 경우 포함) 다만, 농지의 경우	가액의 28/1,000 가액의 23/1,000	가액이 6억원 이하인 주택을 취득 : 10/1,000 6억원 초과 9억원 이하의 주택을 취득 : 20/1,000 9억원 초과 주택을 취득 : 30/1,000	지방교육세는 취득세율에서 20/1,000을 뺀 세율을 적용하여 산출한 금액의 20/100
	상속외 무상 소유권이전(증여, 유증 등) 다만, 대통령령으로 정하는 비영리사업자가 취득하는 경우	가액의 35/1,000 가액의 28/1,000		
	소유권이전(상속,무상 제외)-매매,경락,교환 등 다만, 농지의 경우	가액의 40/1,000 가액의 30/1,000		
	원시취득	가액의 28/1,000		
	공유·합유·총유물의 분할	가액의 23/1,000		
등록면허세	소유권이외의 물권과 임차권의 설정 및 이전 1. 지상권 : 부동산가액 기준 2. 저당권 : 채권금액 기준 3. 지역권 : 요역지가액 기준 4. 전세권 : 전세금액 기준 5. 임차권 : 월 임대차금액 기준	2/1,000	산출금 세액이 6,000원 미만일 때에는 6,000원임	지방교육세는 등록면허세액의 20/100
	경매신청·가압류·가처분 (채권금액 기준) 가등기 (부동산가액 또는 채권금액 기준)			
	기타 (변경, 경정, 말소)	건당 6,000원		
	법인등기			
	설립, 증자, 합병 (상사회사, 영리법인)	금액의 4/1,000	산출금 세액이 112,500원 미만인 때에는 112,500원임	
	설립, 출자, 증액 (비영리법인)	가액의 2/1,000		
	자산재평가	금액의 1/1,000		
	본점·주사무소의 이전	건당 112,500원		
	지점·분사무소의 설치	건당 40,200원		
	기타 (변경, 경정, 말소)			

※ 지방세법, 지방세특례제한법, 각종 조례 등에 의하여 가산, 감산, 감면되는 경우가 있으므로 유의하시기 바랍니다.

[다주택자 취득세 중과 자료 첨부]

채권 발행번호를 쓰고 영수증 제출

은행에서 국민주택채권을 구입 후 영수증에 기재된 금액과 채권 발행번호를 기재하고 영수증(제1종 국민주택채권 매입사실 확인서)을 제출합니다. 부동산의 시가표준액에 따라 그리고 취득원인에 따라 계산 방법이 복잡하여 법원 출장소 은행 직원도 얼마를 사야 하는지 정확히 모르는 경우가 많습니다. 미리 챙겨서 구매하시는 게 좋습니다.

제1종국민주택 채권 매입사실 확인서

제1종 국민주택 채권 매입사실 확인서

채권발행번호	2204-10-8802-4643
매입금액	1,200,000 원
성명(법인명)	최용식 외2
주민(사업자)등록번호	490625-*******
매입용도	(근)저당권 설정
청구기관	대법원(법원등기소)
발행점	신한은행
발행일	2022-04-01
본인부담금	118,000 원

위와 같이 주택법에 의거 제 1종 국민주택채권을 매입하였음을 확인함

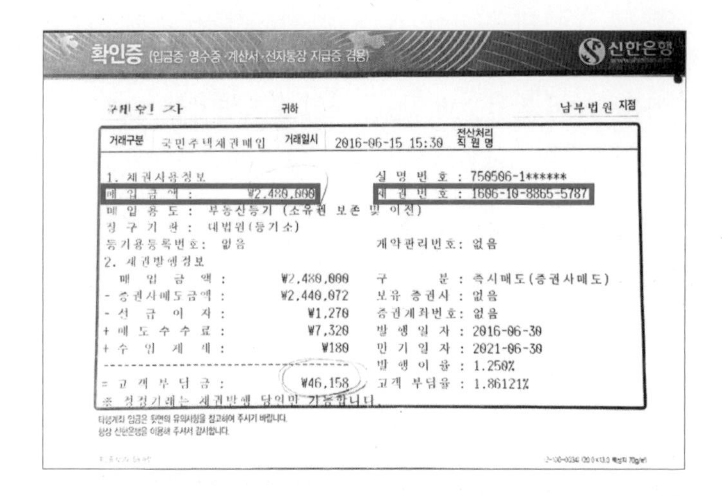

확인증 (입금증·영수증·계산서·전자통장 지급증 겸용) 신한은행

귀하 남부법원 지점

거래구분	국민주택채권매입	거래일시	2016-06-15 15:30	전산처리 직원명

1. 채권사용정보
매 입 금 액 : ₩2,480,000 / 실 명 번 호 : 750506-1******
매 입 용 도 : 부동산등기 (소유권 보존 및 이전) / 채 권 번 호 : 1606-10-8865-5787
청 구 기 관 : 대법원(등기소)
등기용등록번호: 없음 / 계약관리번호: 없음

2. 채권발행정보

매 입 금 액 :	₩2,480,000	구 분 :	즉시매도(증권사매도)
- 증권사매도금액 :	₩2,440,072	보유 증권사 :	없음
- 선 급 이 자 :	₩1,270	증권계좌번호:	없음
+ 매 도 수 수 료 :	₩7,320	발 행 일 자 :	2016-06-30
+ 수 입 게 세 :	₩180	만 기 일 자 :	2021-06-30
		발 행 이 율 :	1.250%
= 고 객 부 담 금 :	₩46,158	고객 부담율 :	1.86121%

※ 정정거래는 채권발행 당일만 가능합니다.

타행계좌 입금은 뒷면의 유의사항을 참고하여 주시기 바랍니다.
항상 신한은행을 이용해 주셔서 감사합니다.

매입해야할 채권의 금액 및 비용 산정은 조금 복잡합니다.

부동산 공시가격 알리미 홈페이지를 통해 공시가격을 확인합니다. 아파트의 경우 아파트 공시가격을 기준으로 합니다.

'e-Form' 작성 시 주택도시기금 홈페이지에 연결이 가능합니다.

주택도시기금 홈페이지 → 청약/채권 → 제1종국민주택채권 → 매입대상금액조회 → 매입용도 선택 후 매입금

주택도시기금
기금안내
개인상품
기업상품
청약/채권
고객서비스
HUG
신혼부부 전용 전
자세히보기
내집마련 마법사
개인상품
주택도시기금안내
기업상품
가산금리안내
도시재생 안내
기금e든든 바로가기
도시재생 포털 바로가기
업무취급은행
공지사항
보도자료
주택도시기금
청약/채권
셀프 채권매입 도우미
절차안내
INFO
STEP 1
매입대상금액조회
STEP 2
고객 부담금 조회
STEP 3
인터넷 은행 바로가기
은행영업점찾기
우리은행 1599-0800
KB국민은행 1599-1771
IBK기업은행 1566-2566
NH Bank 1588-2100
신한은행 1599-8000
만족도 조사

□ 국민주택채권매입대상 및 금액표

「주택도시기금법 시행령」 별표(제8조 제2항 관련)

매 입 대 상
■ 부동산등기 (등기하고자 하는 부동산이 공유물인 때에는 공유지분율에 따라 산정한 시가 표준액을, 공동주택인 경우에는 세대당 시가표준액을 각각 기준으로 하며, 이 경우 공유지분율에 따라 시가표준액을 산정함에 있어서 2이상의 필지가 모여서 하나의 대지를 형성하고 있는 때에는 그 필지들을 합하여 하나의 필지로 봄)

◉ 소유권의 보존(건축물의 경우를 제외) 또는 이전(공유물을 공유지분율에 따라 분할하여 이전등기를 하는 경우와 신탁 또는 신탁종료에 따라 수탁자 또는 위탁자에게 소유권이전등기를 하는 경우를 제외)		
구 분	매 입 대 상	매입금액
주택	(가) 시가표준액[시가표준액이 공시되지 아니한 신규분양 공동주택의 경우에는 「지방세법」 제10조 제5항 제3호 및 동법 시행령 제18조 제3항 제2호의 규정에 의한 취득가격을 말한다] 2천만원 이상 5천만원 미만	시가표준액의 13/1,000
	(나) 시가표준액 5천만원 이상 1억원 미만 1) 특별시 및 광역시 2) 그 밖의 지역	 시가표준액의 19/1,000 시가표준액의 14/1,000
	(다) 시가표준액 1억원 이상 1억 6천만원 미만 1) 특별시 및 광역시 2) 그 밖의 지역	 시가표준액의 21/1,000 시가표준액의 16/1,000
	(라) 시가표준액 1억 6천만원 이상 2억 6천만원 미만 1) 특별시 및 광역시 2) 그 밖의 지역	 시가표준액의 23/1,000 시가표준액의 18/1,000
	(마) 시가표준액 2억 6천만원 이상 6억원 미만 1) 특별시 및 광역시 2) 그 밖의 지역	 시가표준액의 26/1,000 시가표준액의 21/1,000
	(바) 시가표준액 6억원 이상 1) 특별시 및 광역시 2) 그 밖의 지역	 시가표준액의 31/1,000 시가표준액의 26/1,000

액을 조회하면 됩니다.

매입만 하면 되고, 반드시 보유할 필요는 없습니다.

매입 후 연간 1~2% 정도의 이자를 받고 계속 들고 있

매 입 대 상
▣ **부동산등기** (등기하고자 하는 부동산이 공유물인 때에는 공유지분율에 따라 산정한 시가 표준액을, 공동주택인 경우에는 세대당 시가표준액을 각각 기준으로 하며, 이 경우 공유지분율에 따라 시가표준액을 산정함에 있어서 2이상의 필지가 모여서 하나의 대지를 형성하고 있는 때에는 그 필지들을 합하여 하나의 필지로 봄)

◉ **소유권의 보존**(건축물의 경우를 제외) **또는 이전**(공유물을 공유지분율에 따라 분할하여 이전등기를 하는 경우와 신탁 또는 신탁종료에 따라 수탁자 또는 위탁자에게 소유권이전등기를 하는 경우를 제외)		
구 분	**매 입 대 상**	**매입금액**
토지	(가) 시가표준액 5백만원 이상 5천만원 미만	
	1) 특별시 및 광역시	시가표준액의 25/1,000
	2) 그 밖의 지역	시가표준액의 20/1,000
	(나) 시가표준액 5천만원 이상 1억원 미만	
	1) 특별시 및 광역시	시가표준액의 40/1,000
	2) 그 밖의 지역	시가표준액의 35/1,000
	(다) 시가표준액 1억원 이상	
	1) 특별시 및 광역시	시가표준액의 50/1,000
	2) 그 밖의 지역	시가표준액의 45/1,000
주택 및 토지외의 부동산	(가) 시가표준액 1천만원 이상 1억 3천만원 미만	
	1) 특별시 및 광역시	시가표준액의 10/1,000
	2) 그 밖의 지역	시가표준액의 8/1,000
	(나) 시가표준액 1억 3천만원 이상 2억 5천만원 미만	
	1) 특별시 및 광역시	시가표준액의 16/1,000
	2) 그 밖의 지역	시가표준액의 14/1,000
	(다) 시가표준액 2억 5천만원 이상	
	1) 특별시 및 광역시	시가표준액의 20/1,000
	2) 그 밖의 지역	시가표준액의 18/1,000

어도 되지만 보통은 당일 바로 팝니다. 그래서 앞의(p63) 샘플에서 보는 바와 같이 매입금액이 7,800,000원이지만 대략 10만 원으로 해결할 수 있습니다. 참고로 저자는

매 입 대 상
▣ 부동산등기 (등기하고자 하는 부동산이 공유물인 때에는 공유지분율에 따라 산정한 시가 표준액을, 공동주택인 경우에는 세대당 시가표준액을 각각 기준으로 하며, 이 경우 공유지분율에 따라 시가표준액을 산정함에 있어서 2이상의 필지가 모여서 하나의 대지를 형성하고 있는 때에는 그 필지들을 합하여 하나의 필지로 봄.)

◉ 상 속(증여 그 밖의 무상으로 취득하는 경우를 포함)

매 입 대 상	매입금액
(가) 시가표준액 1천만원 이상 5천만원 미만	
1) 특별시 및 광역시	시가표준액의 18/1,000
2) 그 밖의 지역	시가표준액의 14/1,000
(나) 시가표준액 5천만원 이상 1억 5천만원 미만	
1) 특별시 및 광역시	시가표준액의 28/1,000
2) 그 밖의 지역	시가표준액의 25/1,000
(다) 시가표준액 1억 5천만원 이상	
1) 특별시 및 광역시	시가표준액의 42/1,000
2) 그 밖의 지역	시가표준액의 39/1,000

◉ 저당권의 설정 및 이전
(신탁 또는 신탁종료에 따라 수탁자 또는 위탁자에게 저당권을 이전하는 경우는 제외한다)

매 입 대 상	매입금액
저당권 설정금액 2천만원 이상	저당권 설정금액의 10/1,000. 다만, 매입금액이 10억원을 초과하는 경우에는 10억원으로 함.

2016년 매수 두 건의 매입금액이 각각 250만 원, 350만 원이었는데, 실제로 들었던 비용은 각각 44,355원, 46,158원이었습니다. 부동산을 살 때 더 내는 세금이라고 생각하니 마음은 조금 편했지만 계산방법은 복잡했습니다.

샘플의 사례로 간단히 계산해 보겠습니다. 김갑동 씨

는 이대백(등기의무자) 씨로부터 아파트를 3.5억 원(거래가액)으로 구매했습니다. 공시지가 알리미를 통해 파악한 부동산별 시가표준액은 3억 원입니다. 서울 지역의 시가표준액 2억 6천만 원 이상 6억 원 미만 구간에 해당하므로 매입금액은 7,800,000원(3억 원의 26/1,000)이 됩니다. 채권 당일의 할인비율이 다르지만 대략 10만 원 내외의 금액으로 채권을 구매하고 되팔 수 있는 것입니다.

2022년 3월 31일 기준으로 국민주택 자기부담 비율이 9.4%까지 증가했습니다. 금리 상승의 효과 때문인데요. 2016년 5월 25일 비율 1.28% 대비 약 6~7배 정도 상승한 것입니다.

복잡하지만,

가. 매수하고자 하는 부동산의 시가표준액 파악

나. 주택기금 홈페이지에서 채권구매액 확인

다. 인터넷으로 구매(구매&매각)의 단계를 거치게 됩니다(상세 내역은 94쪽 이하 참조).

이로써 등기신청서 작성에 필요한 설명이 완료되었습니다. 작성한 등기신청서를 출력하고 여기에 추가 사항을 수기로 기재하여, 등기소에 신청서와 첨부서류를 제출하면 됩니다.

등기소에 등기신청서와 첨부서류 제출

등기부등본 마지막장이나 등기권리증에 기재된 관할등기소를 찾아 준비한 등기신청서와 첨부서류를 제출합니다.

등기소에 가기 전에 작성한 'e-Form'이나 워드파일이 다 완성되지 않았더라도 출력하여, 해당 세금이나 비용 납부 후 빈 공간을 수기로 기록해서 보완하여도 괜찮습니다.

등기신청서 간인

등기신청서 간인에 대해 필수로 진행해야 하는지, 어디에 하는지, 모든 페이지에 간인해야 하는지 등 질문이 많습니다.

등기신청서가 2장이라면 1면의 반 정도를 접어 넘겨, 1면의 뒷면과 2면의 앞면이 만나는 지점에 인장을 찍어 1면 뒷면과 2면의 앞면에 도장의 절반이 찍히도록 하면 됩니다. 간인은 여러 장인 서류의 앞면과 뒷면을 연결하기 위한 것으로 간혹 다른 서류가 끼어들어 내용에 혼란이 생기는 일을 막아 줍니다.

신청서가 3장이라면 1면의 뒷면과 2면의 앞면을 연결하는 간인 한 번, 2면의 뒷면과 3면의 앞면을 연결하는 간인 한 번, 모두 2번의 간인을 하면 3장의 신청서가 간인으로 연결이 될 것입니다.

신청서와 첨부서류 상호 간 간인을 찍어야 하는지 궁금할 수 있겠지만 첨부서류는 그 자체로 의미를 충분히 파악할 수 있기 때문에 간인은 따로 필요 없다고 생각합니다. 다만, 신청인은 등기소를 방문할 때 주민등록증과 신청서에 찍힌 도장을 준비하여 등기관의 간인 요청에 대비하기 바랍니다.

서류를 순서대로 정리하고 제출

신청서, 취득세(등록면허세)영수필확인서, 등기신청수수료 영수필확인서, 위임장, 인감증명서, 주민등록표초(등)본, 토지·집합건축물대장등본, 부동산거래계약신고필증, 매매계약서, 등기권리증 순서로 정리합니다.

수입인지는 매매계약서 바로 뒤에 넣습니다. 등기필정보를 입력하였으면 첨부하지 않아도 됩니다.

등기필정보를 우편으로 전달

우편으로 등기필정보를 받을 수 있도록 봉투에 매수자 주소를 적고 우표를 넣어 제출하면 등기소를 다시 방문하지 않아도 됩니다.

제 3 부

'e-Form' 을 이용한 매매 등기신청서 작성

'e-Form' 이란

'e-Form'은 대법원 인터넷등기소에서 제공하는 등기 신청서 작성 프로그램입니다.

대법원 '자료실'에서 제공하는 등기신청서 표준양식을 시스템으로 구현하고, 부동산 등기 DB(데이터베이스)에서 부동산 정보와 인적 정보를 불러와 자동으로 입력해 주는 편리한 기능이 있어 시간 절약에 도움이 됩니다. 개별 입력 항목에 대한 상세한 설명과 오류 체크 기능이 포함되어 있어 수기 작성보다 편리합니다.

다만 시스템에서 신청서 작성 후 신청서를 출력하여 등기소에 방문하여 제출하여야 합니다. 전자 방식 제출도 가능하지만 조금 번거롭기 때문에 추천하고 싶지 않습니다.

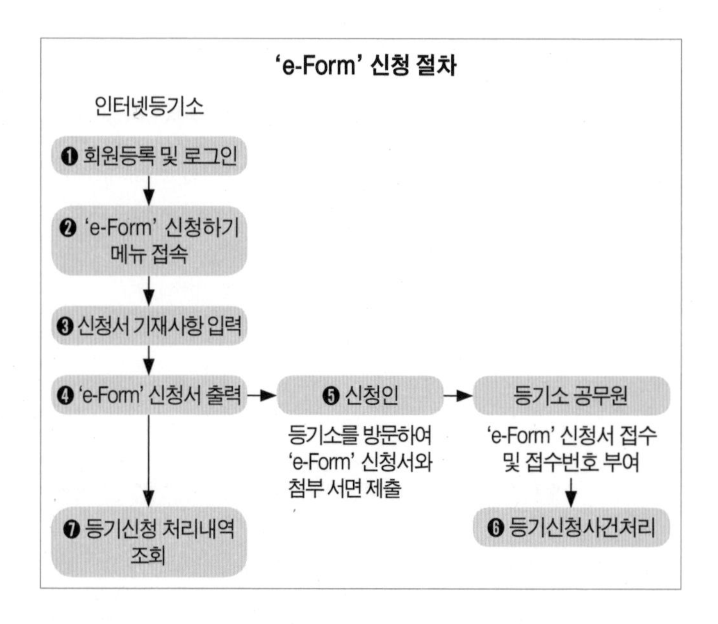

아파트를 산 매수자의 입장에서 'e-Form'을 활용해 등기신청서를 작성해 보겠습니다.

준비사항 및 로그인

등기신청서를 작성하기 전 매매계약서, 부동산등기부등본, 부동산거래신고필증을 준비합니다. 인터넷뱅킹을 위해 구 공인인증서 또는 본인인증이 가능한 PC가 있어야 합니다. 공공기관 또는 회사의 PC는 내부 보완정책으로 대법원 인터넷 홈페이지가 열리지 않는 경우도 있습니다.

대법원 인터넷등기소 홈페이지(www.iros.go.kr)에 회원가입 후 로그인을 합니다.

일반인용 'e-Form 신청서 작성하기'로 들어갑니다.

① 홈페이지 '통합전자등기' 클릭

② 'e-Form 신청서 작성하기' 클릭

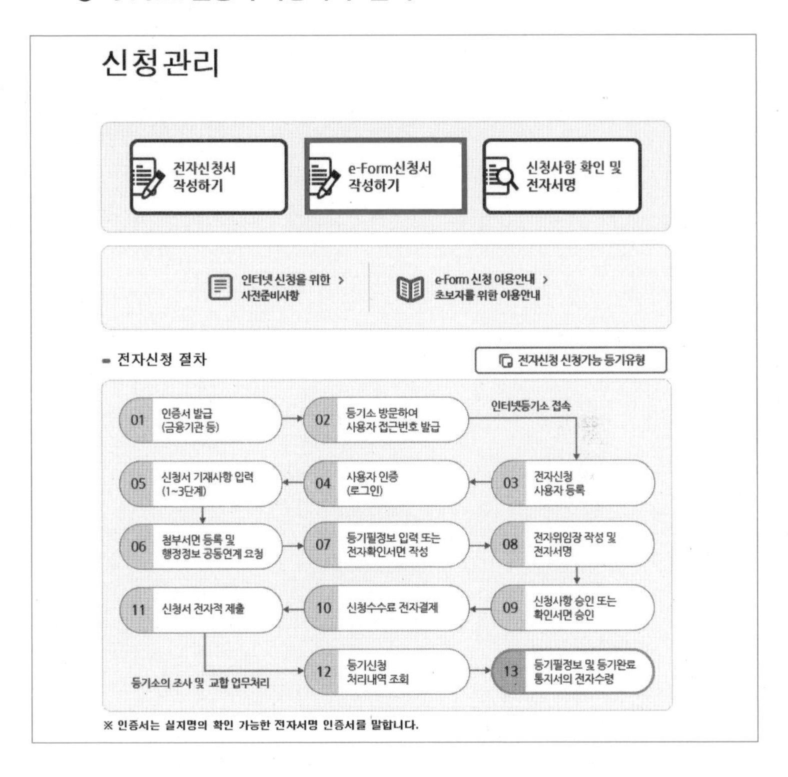

③ '등기 신청 신규작성' 클릭

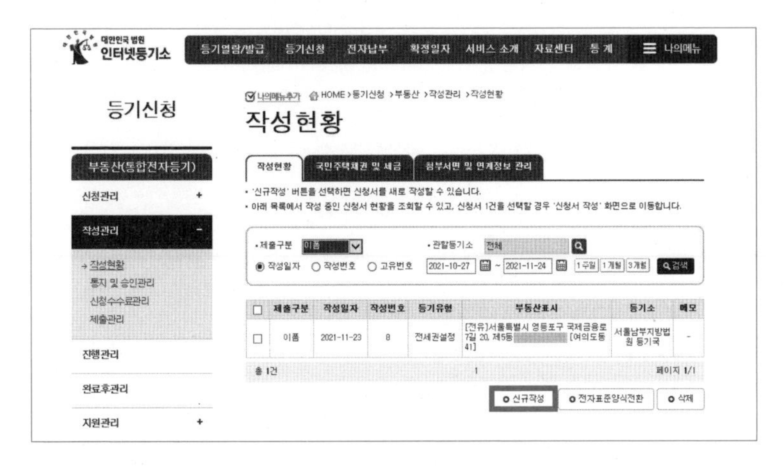

작성 시작하기

01 신청서 작성 시작 및 제출방식 및 이용동의	02 등기유형/원인/부동산 표시	03 등기할 사항	04 수수료 등 입력	05 첨부서면 및 연계 정보

입력은 5단계로 나누어져 있습니다.

① 신청서 작성 시작 및 제출방식, 이용동의

② 등기유형/원인/부동산 표시

③ 등기할 사항

④ 수수료 등 입력

⑤ 첨부서면 및 연계정보

1단계: 제출방식 및 이용동의

제출방식은 'e-Form'으로 고정됩니다.

이용동의를 읽고 각각의 항목에 체크합니다.

2단계: 등기유형/원인/부동산 표시

등기유형/원인

등기유형 항목에서 제시되는 등기 종류 중에서 '소유권이전'을 선택하면, 아래 등기의 목적 항목의 빈칸이 '소유권이전'으로 채워집니다.

	변경 전	변경 후
등기를 신청하는 목적 소유자 변경	매도인	매수인
소유자 변경의 원인	매매	

소유권이전등기를 신청하는 목적과 이유는 위의 표와 같이 간단히 요약할 수 있습니다.

'e-Form'은 등기소에서 취급하는 등기유형을 시스템으로 그대로 구현하였습니다. 그래서 등기신청서 명칭을 정확히 몰라도 제시된 등기유형 중에서 선택할 수 있습니다.

작성현황

신청서 작성 메모입력

① 제출방식 및 이용동의 — 감추기

* 제출방식
전자 ◉ 이폼
신청서 작성 후에는 신청서를 출력하여 날인한 다음 첨부서면을 추가하여 반드시 등기소에 제출하셔야 합니다.

* 이용동의
☐ 최초 작성 후 3개월이 경과한 신청정보는 자동으로 삭제됩니다.
☐ 시스템에 입력한 정보와 등기소로 제출할 신청서 내용은 동일합니다.

작성방식
자료활용하기 기존에 작성 완료된 신청서를 재사용할 경우 '자료활용하기' 버튼을 클릭하여 주십시오.

② 등기유형/원인/부동산표시 — 감추기

* 등기신청유형
등기유형: 등기유형 선택 전체유형 검색 자주쓰는 유형 등록
등기의 목적

* 부동산표시 부동산 입력
첨부서면 및 연계정보
• 저장된 첨부서면이 없습니다.

임시저장

1 2 3 4 5

[작성현황 1, 2단계 화면]

부동산 표시

'e-Form'은 매매하는 부동산의 주소(지번, 도로명)나 고유번호(토지, 건물, 구분 건물 등 국가가 관리하는 모든 부동산은 고유한 번호가 있습니다. 그래서 등기신청서 고유번호 사용이 효율적입니다)를 입력하면 해당 정보를 자동으로 불러와 신청서 작성을 돕습니다.

'부동산 표시' 항목은 매매하는 부동산의 주소, 소유자, 면적 등 부동산의 기본정보를 말합니다. 등기신청서에 매매하는 부동산의 정보가 너무 길거나 짧지 않게 잘 기재하도록 합니다. 등기신청서를 심사하는 등기관 입장에서 어떤 부동산을 매매하는지 신청서 자체에 정확히 요건에 맞춰 표시되어 있어야 다음의 업무를 진행할 수 있습니다. 부동산 표시가 정확하지 않아 현장에서 신청서가 반려되는 경우가 많았습니다. 현장에서 또는 한글이나 워드 파일로 작성할 경우 등기부등본 곳곳에 흩어진 정보를 찾아서 입력하는 게 쉬운 작업은 아니었는데, 이러한 부분은 인터넷 기술로 해결되었습니다.

등기부등본 첫페이지 우측 상단에 있는 고유번호(예시: '2501-2013-000000')를 찾아 부동산 고유번호 항목에 입력합니다. 입력 버튼을 누르면, 대법원 데이터베이스에

② 등기유형/원인/부동산표시 — 감추기

* 등기신청유형	등기유형	소유권이전 [전체유형 검색] [자주쓰는 유형 등록]
	등기의 목적	소유권이전 □ 법률 제16913호에 의한 소유권이전인 경우 체크하시기 바랍니다. '매매' 또는 '신탁재산의 귀속' 등기원인을 선택하여 신탁등기를 말소하는 경우, 등기의 목적을 [소유권이전 및 신탁등기말소]로 정확하게 입력한 경우에만 말소할 사항 입력 란이 표시됩니다.
* 부동산표시 첨부서면 및 연계정보 • 저장된 첨부서면이 없습니다.	[부동산 입력]	
* 등기원인과 연월일 첨부서면 및 연계정보 • 저장된 첨부서면이 없습니다.	등기원인 및 연월일	예)20160101('-'를 빼고 입력하십시오) 매매 □ 상세등기원인 입력 상세등기원인을 입력하시려면 선택해 주십시오.
	잔금납부일	예)20160101('-'를 빼고 입력하십시오)
	거래가액	거래가액 입력내역 [거래가액 입력]

부동산표시	거래신고관리번호	거래가액
자료가 존재하지 않습니다.		

[통합전자신청하기>지원관리>원인증서관리>신청서송부] 를 통해 국토교통부 부동산거래 전자계약시스템에서 작성한 전자계약서를 불러온 경우 거래가액은 실거래신고 금액이 자동으로 입력됩니다.

임시저장

[2단계 '등기유형/원인/부동산표시' 화면]

서 부동산 정보를 불러와 화면에 띄웁니다. 부동산 정보가 맞으면 선택 버튼을 누른 후 확인 버튼을 눌러 '부동산 입력' 항목의 입력을 마칩니다.

매매 부동산의 정보를 입력하는 다른 방법(소재지번, 도로명)도 있지만 고유번호 입력이 가장 빠르고, 간편합니다.

팝업 창이 닫히면 메인 화면에 부동산 정보가 입력됩니다.

등기사항전부증명서(현재 유효사항)
- 집합건물 -

고유번호 2501-2013-001393

[집합건물] 서울특별시 양천구 목동 506-13 휴먼하이빌

【 표 제 부 】 (1동의 건물의 표시)

표시번호	접 수	소재지번,건물명칭 및 번호	건 물 내 역	등기원인 및 기타사항
1	2013년10월31일	서울특별시 양천구 목동 506-13 휴먼하이빌 [도로명주소] 서울특별시 양천구 목동중앙북로12길 17	철근콘크리트조 평스라브지붕 6층 도시형생활주택(단지형) 1층 18.84 ㎡ 2층 125.25 ㎡ 3층 125.25 ㎡ 4층 123.34 ㎡ 5층 103 ㎡ 6층 103 ㎡ 옥탑1층 18.84 ㎡ (연면적제외)	도면 제2013-86호

(대지권의 목적인 토지의 표시)

표시번호	소 재 지 번	지 목	면 적	등기원인 및 기타사항
1	1. 서울특별시 양천구 목동 506-13	대	300.1㎡	2013년10월31일

【 표 제 부 】 (전유부분의 건물의 표시)

표시번호	접 수	건 물 번 호	건 물 내 역	등기원인 및 기타사항
1	2013년10월31일		철근콘크리트구조 42.08㎡	도면 제2013-86호

(대지권의 표시)

표시번호	대지권종류	대지권비율	등기원인 및 기타사항
1	1 소유권대지권	300.1분의 26.01	2013년10월31일 대지권 2013년10월31일

열람일시 : 2021년11월22일 16시46분43초

1/2

[2단계: 소유권이전등기 등기부등본 1]

만약 소재지번, 도로명 방식을 선택한다면 해당 주소를 빠짐없이 입력해야 하고, 관할 등기소, 부동산 구분을 일일이 찾아야 하므로 번거롭습니다. 예를 들어 관할 등기소 정보는

[집합건물] 서울특별시 양천구 목동 506-13 휴먼하이빌

표시번호	대지권종류	대지권비율	등기원인 및 기타사항
~~2~~			~~별도등기 있음~~ ~~1토지(을구 9번 근저당권설정등기)~~ ~~2013년10월31일~~
3			2번 별도등기말소 2013년11월21일

【 갑 구 】 (소유권에 관한 사항)				
순위번호	등 기 목 적	접 수	등 기 원 인	권리자 및 기타사항
2	소유권이전	2013년11월21일 제54490호	2013년7월9일 매매	소유자 구민수 750506- 서울특별시 양천구 목동중앙북로12길 17, (목동,휴먼하이빌)

【 을 구 】 (소유권 이외의 권리에 관한 사항)				
순위번호	등 기 목 적	접 수	등 기 원 인	권리자 및 기타사항
4	근저당권설정	2016년5월4일 제20418호	2016년5월4일 설정계약	~~채권최고액 금168,000,000원~~ 채무자 구민수 서울특별시 양천구 목동중앙북로12길 17, (목동,휴먼하이빌) 근저당권자 강서농업협동조합 114936- 서울특별시 강서구 금낭화로 127 (방화동) (염창역지점)
4-1	4번근저당권변경	2018년4월12일 제73463호	2018년4월11일 변경계약	채권최고액 금70,800,000원

-- 이 하 여 백 --

관할등기소 서울남부지방법원 등기국

* 실선으로 그어진 부분은 말소사항을 표시함.
* 기록사항 없는 갑구, 을구는 '기록사항 없음' 으로 표시함.
* 증명서는 컬러 또는 흑백으로 출력 가능함.
* 본 등기사항증명서는 열람용이므로 출력하신 등기사항증명서는 법적인 효력이 없습니다.

열람일시 : 2021년11월22일 16시46분43초

2/2

[2단계: 소유권이전등기 등기부등본 2]

등기부등본 마지막장 우측 하단에서 정보(예시: 서울남부지방법원 등기국 또는 ○○○등기소로 표시됨)를 찾아야 합니다.

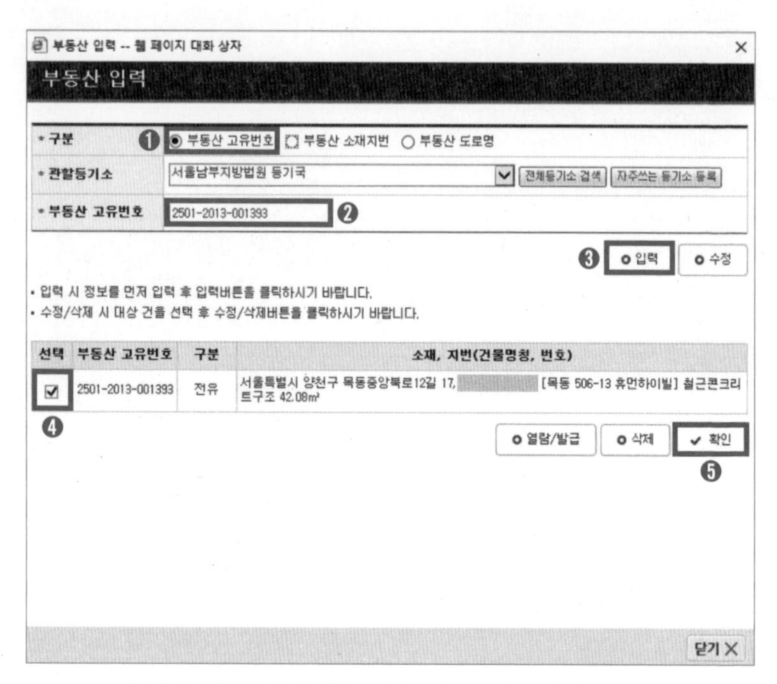

[2단계: 부동산 입력 방법 중 부동산 고유번호 상세 이용법]

등기원인과 연월일

다음으로 등기원인(매매) 및 연월일(매매계약일)을 입력합니다. 준비한 매매계약서를 보고 계약체결일을 찾아 해당 날짜를 등기원인 및 연월일 항목에 입력합니다. 등기원인은 매매로 자동 세팅되었습니다. 매매계약서에서 잔금일을 찾아 해당 날짜를 잔금납부일 항목에 입력합니다.

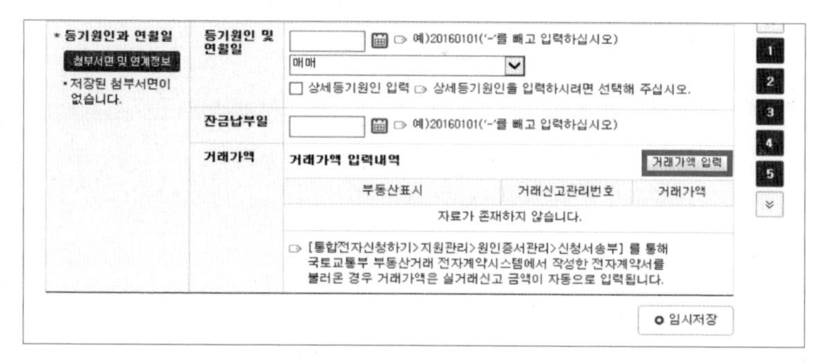

[2단계: 등기원인과 연월일 화면]

거래가액

아파트 거래가격과 구청의 부동산거래신고 여부를 체크합니다.

거래가액 입력창을 누르면 별도의 팝업화면이 뜹니다.

먼저 새로운 팝업화면 중간에 임시로 뜬 정보에서 부동산 고유번호 정보를 선택합니다.

다음은 준비한 부동산거래신고필증(구청에서 거래신고를 확인했다는 서류) 좌측 상단의 관리번호(예시: 11470-2021-4-0006768)를 찾아 거래신고관리번호 항목에 입력합니다. 숫자만 순서대로 입력하고 대시(-)는 따로 입력하지 않아도 됩니다.

거래가액 항목은 실제 매매금액을 숫자로 기재합니다. 입력 버튼을 누르면 '거래가액정보(이)가 저장되었습니다’라는 안내창이 뜹니다. 확인 버튼을 누르면 2단계 입력이 완료됩니다.

메인화면 2단계 아래에 위치한 임시저장을 누르고, 임시저장이 완료되었다는 안내창이 뜨면 창을 닫습니다.

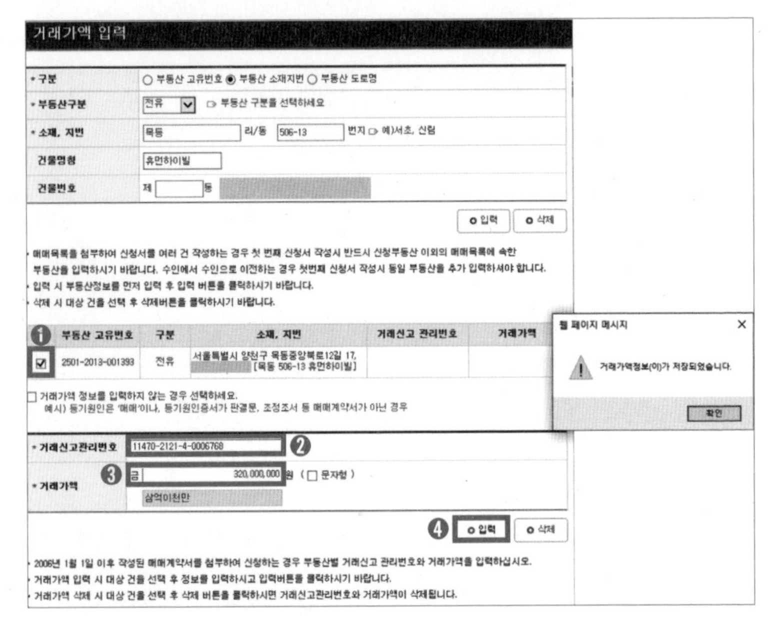

[2단계: 거래가액 입력정보 저장 화면]

3단계: 등기 사항

- 이전해야 할 등기: 소유권
- 등기의무자: 매도인
- 등기권리자: 매수인

• 제출자: 매수인(또는 매수인이 지정한 사람)

법률용어가 나왔습니다. 해석하면, 등기관(국가)에게 '해당 부동산이 매매가 되었으니 소유권을 매도인에서 매수인에게 넘겨 달라'라는 뜻입니다.

이전해야 할 등기 및 등기의무자/등기권리자/제출자

이전해야 할 등기 및 등기의무자 버튼을 누르면, 새로운 팝업창이 뜹니다.

화면 중간에 임시 부동산 정보가 뜨는데, 동그라미 선택 버튼을 누르면 중간 부분에 신청자가 입력해야 할 정보(순위번호, 등록번호구분, 의무자 성명, 주민등록번호, 등기기록상 주소, 소유의 형태, 현재지분) 중 기본사항이 자동으로 입력됩니다.

매매계약서를 꺼내 나머지 공란을 채웁니다. 즉 등기의무자(매도인)의 정보, 이름, 주민등록번호 중 뒤 7자리와 이전할 지분을 1분의 1로 입력한 후 입력 버튼과 확인 버튼을 차례로 누릅니다.

기본 세팅값 중 성명의 성과 주민등록번호 중 앞자리만 표시되고 나머지 이름과 뒤 7자리를 표시하지 않는 이유는 개인정보보호를 위한 목적 때문이지만, 매수자는 매

매계약서를 체결한 당사자이므로 등기신청서 작성 시 매도인의 정보를 활용하여도 무방합니다.

이전할 지분은 매도인이 보유한 지분 전체를 산다면 1분의 1로 표시합니다. 입력이 완료되면 입력 버튼과 확인 버튼을 누릅니다. 매수자로부터 100% 지분을 매수하는 경

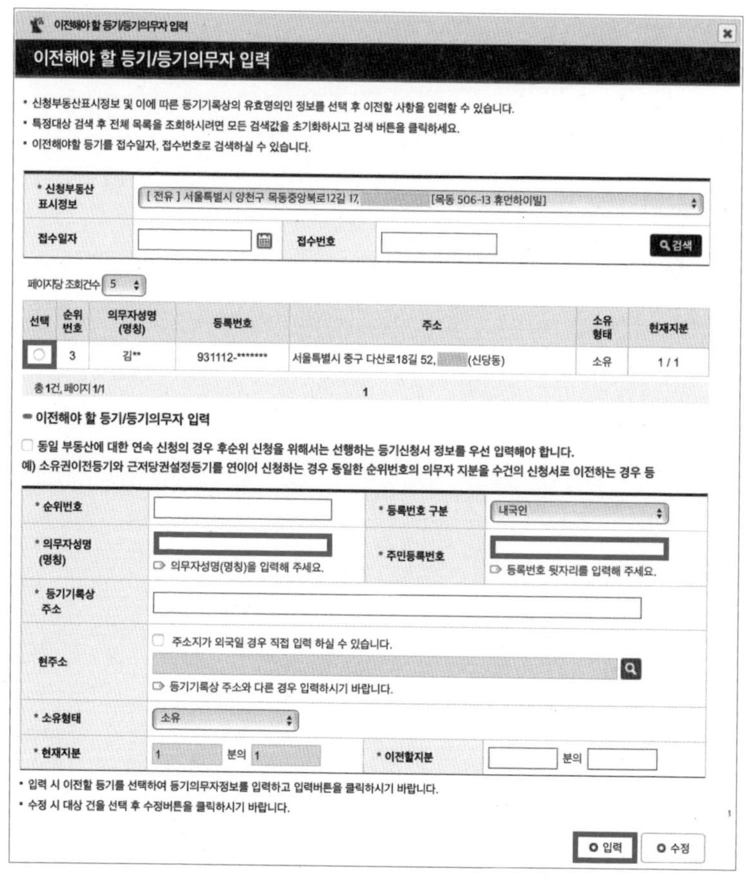

이전해야 할 등기/등기의무자 입력

이전해야 할 등기/등기의무자 입력

- 신청부동산표시정보 및 이에 따른 등기기록상의 유효명의인 정보를 선택 후 이전할 사항을 입력할 수 있습니다.
- 특정대상 검색 후 전체 목록을 조회하시려면 모든 검색값을 초기화하시고 검색 버튼을 클릭하세요.
- 이전해야할 등기를 접수일자, 접수번호로 검색하실 수 있습니다.

* 신청부동산 표시정보	[전유] 서울특별시 양천구 목동중앙북로12길 17, [목동 506-13 휴먼하이빌]		
접수일자		접수번호	검색

페이지당 조회건수 5

선택	순위번호	의무자성명(명칭)	등록번호	주소	소유형태	현재지분
○	3	김**	931112-*******	서울특별시 중구 다산로18길 52, (신당동)	소유	1 / 1

총 1건, 페이지 1/1 1

■ 이전해야 할 등기/등기의무자 입력

☐ 동일 부동산에 대한 연속 신청의 경우 후순위 신청을 위해서는 선행하는 등기신청서 정보를 우선 입력해야 합니다.
예) 소유권이전등기와 근저당권설정등기를 연이어 신청하는 경우 동일한 순위번호의 의무자 지분을 수건의 신청서로 이전하는 경우 등

* 순위번호		* 등록번호 구분	내국인
* 의무자성명(명칭)	의무자성명(명칭)을 입력해 주세요.	* 주민등록번호	등록번호 뒷자리를 입력해 주세요.
* 등기기록상 주소			
현주소	☐ 주소지가 외국일 경우 직접 입력 하실 수 있습니다. 등기기록상 주소와 다른 경우 입력하시기 바랍니다.		
* 소유형태	소유		
* 현재지분	1 분의 1	* 이전할지분	분의

- 입력 시 이전할 등기를 선택하여 등기의무자정보를 입력하고 입력버튼을 클릭하시기 바랍니다.
- 수정 시 대상 건을 선택 후 수정버튼을 클릭하시기 바랍니다.

입력 수정

[3단계: 이전해야 할 등기/등기의무자 화면]

우 메인 화면 이전할 지분에는 별다른 표시가 없습니다(그러나 만약 지분 중 50%를 사는 계약이라면 '1분의 0.5'라고 입력하고, 입력이 완료되면 메인 화면의 이전할 지분 항목에 '소유권 일부 이전'으로 표시됩니다).

등기의무자 등기정보 입력

이 단계에서는 '등기의무자 등기필 입력' 항목은 작성하지 않고 건너뜁니다. 매매대금 잔금일에 잔금을 치르고 난 뒤 매도인으로부터 받게 되는 등기필정보(서류)의 노란색 보안스티커 속에 숨어있는 정보입니다. 매매대금 잔금일에 부동산 사무소 또는 등기소에서 등기필정보를 수기로 입력하거나 민원인 PC를 이용하여 수정·입력합니다.

③ 등기할 사항 — 감추기

* 이전해야할 등기 및 등기의무자
첨부서면 및 연계정보
* 저장된 첨부서면이 없습니다.

이전해야할 등기/등기의무자 [이전해야 할 등기/등기의무자 입력] [이전할 지분내역 조회]

부동산고유번호	순위번호	성명	현재지분	이전할지분
자료가 존재하지 않습니다.				

이전할 지분 (최대 2,000자)

등기의무자의 등기필정보 [등기의무자의 등기필정보 입력]

* 등기권리자
첨부서면 및 연계정보
* 저장된 첨부서면이 없습니다.

등기권리자 [등기권리자 입력]

성명(명칭)	주소	소유형태	지분
자료가 존재하지 않습니다.			

등기권리자의 등기필정보 [등기필정보 또는 등기완료통지서 수령자 확인]

제출자 [제출자 입력]

※신청인 본인이 아닌 제3자가 등기소에 신청서를 제출하려는 경우 상단의 '제출자 입력'란을 선택하여 제출자 정보를 입력하여 주시기 바랍니다.

신청인 구민수 전화번호:02-768-
주소: 서울특별시 영등포구 국제금융로7길 20 (여의도동),5동

기타사항
첨부서면 및 연계정보
* 저장된 첨부서면이 없습니다.

[신탁사항 입력] [환매특약 입력] [약정/금지사항 입력] [지분특정표시 입력]

신탁사항

등기권리자 입력

매수자 정보를 입력합니다. 등기권리자 입력 항목을 클릭하면 별도의 팝업창이 뜹니다. 소유권을 이전받을 권리자인 매수인의 성명, 주민등록번호, 주소(현재 거주지 주소며, 주민등록등본상 주소와 일치)를 정확히 입력합니다. 입력 버튼을 누르면 임시저장이 되고, 저장된 정보를 선택한 후 확인 버튼을 누릅니다.

등기권리자입력 -- 웹 페이지 대화 상자

등기권리자 입력

- 입력 시 정보를 먼저 입력 후 입력버튼을 클릭하시기 바랍니다.
- 수정 시 대상 건을 선택 후 수정버튼을 클릭하시기 바랍니다.

* 등록번호 구분	내국인 [자주 사용하는 권리자] [최근 입력한 권리자]
* 성명(명칭)	김도연 / * 주민등록번호 931112-
* 주소	서울특별시 양천구 목동중앙북로20길 26(목동) 도로명주소 예시) 서울특별시 노원구 수락산로 174, OO호(상계동, 상계주공아파트)
이메일	@ 선택
* 소유형태	소유
* 지분	1 분의 1
대습상속원인	대습상속원인을 입력하시려면 선택하세요

입력 / 수정

	성명(명칭)	등록번호	주소	소유형태	지분	대표자/기관	대위자
✔	김도연	931112-*******	서울특별시 양천구 목동중앙북로20길26(목...	소유	1 / 1	법정대리인입력	대위자입력

총 1건, 페이지 1/1 　 1

- 삭제 시 대상 건을 선택 후 삭제버튼을 클릭하시기 바랍니다.
- 입력사항을 최종 반영하기 위하여 반드시 확인 버튼을 클릭해 주십시오.

삭제 / 다운로드 / 확인

[3단계: 등기권리자 입력 화면]

제출자 입력

법원에 등기신청서를 누가 제출하는지에 관한 정보를 입력합니다. '제출자 입력' 항목을 클릭하면, 대법원 인터넷등기소 회원가입을 할 때 입력한 인적 정보가 기본값으로 제시됩니다. 매수자 본인의 이름으로 대법원 인터넷등기소에 회원가입을 하였고, 매수자가 등기소를 방문할 예정이라면 기본값으로 제시된 신청인 정보 선택 후 확인 버튼을 누르면 됩니다.

'제출자 유형'은 공동제출인을 선택합니다. 소유권이전 등기신청은 매수인, 매도인이 공동으로 제출하는 것이 원칙이므로 등기소 입장에서는 매수인도 공동제출인입니다.

만약 지분 중 50%를 사는 계약이라면 '1분의 0.5'라고 입력하고, 입력이 완료되면 메인 화면의 이전할 지분 항목에 '소유권 일부 이전'이라고 표시됩니다.

대리인 항목은 법무사 변호사를 선임할 때 입력하는 항목이므로 본서에서는 설명을 생략합니다.

3단계 입력이 완료되었습니다. 임시저장 버튼을 눌러 입력한 내용을 저장합니다.

신청인/대리인 입력 -- 웹 페이지 대화 상자

제출자 입력

* 제출자유형	○ 공동제출인 ○ 대리인(신청인이 아닌 신청서 제출자)
* 제출자 구분	내국인
* 성명(명칭)	
* 주소	도로명주소 예시) 서울특별시 노원구 수락산로 174, OO호(상계동, 상계주공아파트)
이메일	@ 선택
전화번호	예) 02-1234-1234

- 입력 시 정보를 먼저 입력 후 '입력' 버튼을 클릭하시기 바랍니다.
- 수정 시 대상 건을 선택 후 '수정' 버튼을 클릭하시기 바랍니다.

입력 수정

☐	구분	성명(명칭)	주소	이메일	전화번호
☐	신청인	구민수		mars@nhwm.com	02-768-
☐	신청인	김도연	서울특별시 양천구 목동중앙북로20길 26(목동)		

- 삭제 시 대상 건을 선택 후 '삭제' 버튼을 클릭하시기 바랍니다.
- 입력사항을 최종 반영하기 위하여 반드시 '확인' 버튼을 클릭하세요.

삭제 확인

[3단계 제출자 입력 화면]

4단계: 수수료 등 입력

이 부분이 가장 까다롭습니다. 입력해야 할 내용이 어렵다기보다는 국민주택채권 매입을 해야 하는 이유부터 모르는 경우가 많아 우왕좌왕할 수도 있고, 진행이 조금 더딜 수 있습니다. 그렇기 때문에 미리 작성을 시작하는 게 좋습니다. 특히 매매 잔금일에 한꺼번에 다 하려면 시간이 부족할 수 있습니다.

국민주택채권은 구청이나 국가에 납부하는 것은 아니지만 일종의 세금입니다.

국민주택채권 부분이 어려운 이유는 다음과 같습니다.

- 아파트 매매가격을 쓰지 않고 부동산의 시가표준액을 씁니다. 넓은 의미의 세금 중 하나라서 시가표준액을 쓴다고 이해하면 됩니다.
- 시가표준액에 일정한 비율을 다시 곱한 금액의 채권을 삽니다(국민주택채권매입액).
- 채권을 어떻게 사야 하는지 정보가 없습니다.

국민주택채권 항목은 매수하는 부동산의 시가표준액에 일정한 비율을 곱한 금액에 해당하는 채권을 매수해서, 매입금액과 영수증에 기재된 채권번호를 찾는 데 있습니다.

은행 인터넷망 접속이 필요하므로 사용하는 PC에 구 공인인증서 또는 본인인증이 설치되어 있는지 확인하는 것이 중요합니다.

국민주택채권매입액을 입력하기 위해 메인 화면에서 입력창을 클릭하면 별도의 팝업창이 뜹니다. 여기서 입력해야할 항목은 시가표준액, 국민주택채권매입액, 국민주택채권발행번호 입니다.

국민주택채권매입액 입력 -- 웹 페이지 대화 상자

국민주택채권매입액 입력

- 해당되는 부동산에 시가표준액 및 국민주택채권매입액을 입력하세요.
- 2건 이상 입력할 경우 '추가' 버튼을 클릭하여 행을 추가한 뒤 입력해 주십시오.
- 추가입력부동산 불러오기 : 불러오지 못한 채권매입액 입력 대상에 추가로 입력한 부동산입력 정보를 생성시켜주는 기능

추가입력부동산 불러오기

선택	구분	부동산표시	시가표준액	국민주택채권매입액
□	건물	서울특별시 양천구 목동중앙북로12길 17,	원	0 원

추가 삭제

국민주택채권매입총액	0 원 국민주택채권매입총액을 확인하세요. 원
국민주택채권발행번호	국민주택채권발행번호를 입력하세요.

확인

닫기

[4단계: 국민주택채권 입력정보 화면]

시가표준액, 국민주택채권매입액 정보를 찾기 위해 잠시 창을 닫고, 메인 화면의 빨간색으로 표시된 '국토교통부 주택도시기금 포털 국민주택채권 매입대상금액조회 바로가기'를 클릭합니다.

새로운 팝업창이 뜨고 주택도시기금 홈페이지 해당 화면으로 전환됩니다. 매입용도 항목에서 '부동산 소유권등기(주택, 아파트, 연립)'를 선택하고, 대상물건 지역항목에서 '서울특별시 및 광역시'를 선택, 공동주택 가격열람 을 클릭합니다. 화면이 전환됩니다.

도로명 검색 또는 지번 검색 방법으로 '시/도 선택, 시/군/구 선택, 읍/면/동' 선택 항목에서 매수하고자 하는 정보를 순서대로 선택하고, 지번을 입력한 후 검색합니다. 단지명, 동, 호 정보를 순서대로 입력한 뒤 '열람하기' 버튼을 누르면, 공동주택공시가격(예시: 182,000,000원) 정보가 나타납니다. 다른 메모장에 가격 정보를 적어 둡니다.

주택도시기금 해당 항목에 별도로 메모해 둔 건물분 시가표준액 금액 정보를 입력하고 채권매입(발행)금액 조회를 클릭하면, 매입하여야 할 채권매입금액(예시) 4,186,000원이 조회됩니다. 5,000원 미만은 절사하고 5,000원 이상은 올림하여 1만 원 단위로 채권매입을 하여

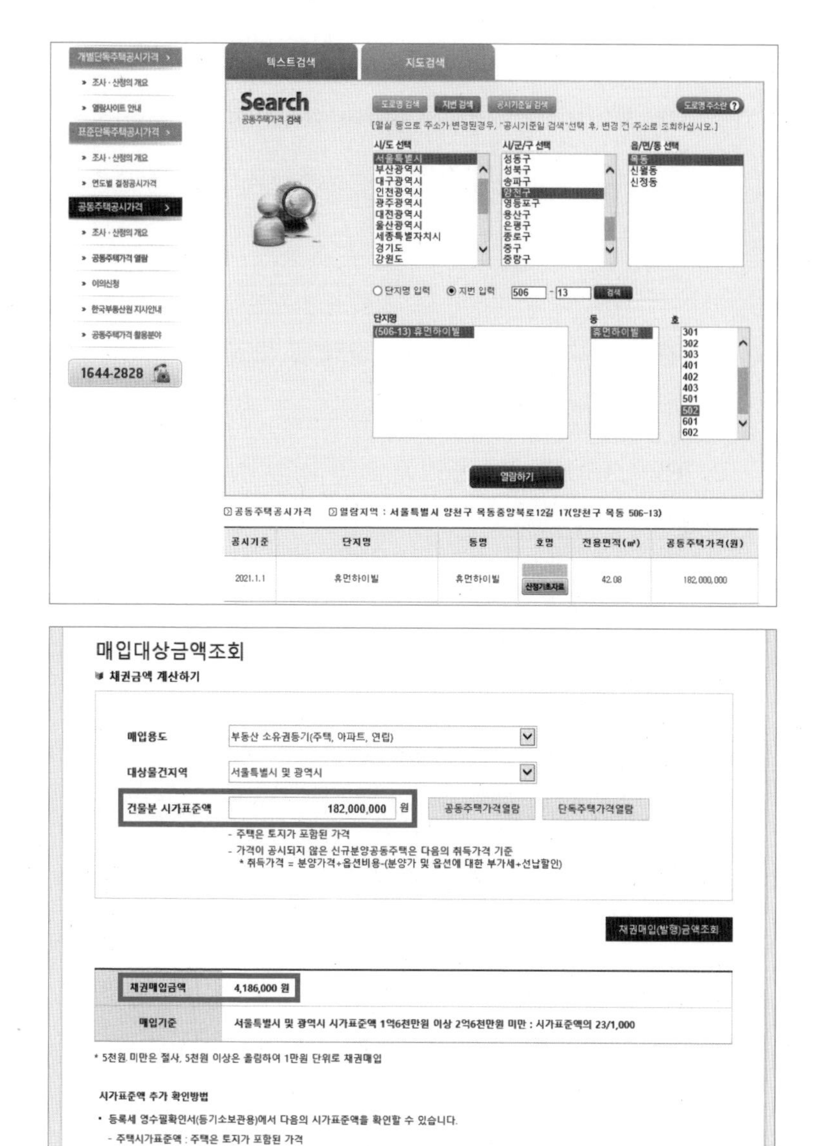

[4단계: 국민주택채권, 공동주택 가격 정보 화면]

야 하므로 4,190,000원이 확정된 채권매입금액이 됩니다.

건물분 시가표준액 182,000,000원, 채권매입금액 4,190,000원이 등기신청서 해당 화면에 시가표준액, 국민주택채권매입액 항목에 입력할 정보입니다.

국민주택채권, 건물분시가표준액 및 채권매입 금액

국민주택채권매입액 입력창을 누르고 시가표준액, 국민주택채권매입액을 입력하고 확인을 누릅니다. 메인 화면에 2가지 정보가 반영, 입력됩니다.

채권매입 방법

- 인터넷 매입
- 잔금 당일 법원 은행출장소 매입

은행 창구에 가면 매입을 위해 신청서를 쓰고 대기표를 받아 순서를 기다려야 하므로 인터넷으로 납부하는 게 시간 절약에 도움이 됩니다.

별도의 공인인증서를 통한 로그인이 번거롭다면 당일 현장에서 채권을 구매한 뒤 영수증에 쓰여진 정보를 수기로 입력하여 등기신청서를 보완할 수 있지만, 은행 창구에 가면 매입을 위해 신청서를 쓰고 대기표를 받아 순서

를 기다려야 합니다.

'인터넷은행 바로가기' 버튼을 클릭하면, 시중은행 홈페이지 화면으로 갈 수 있는 안내화면이 열리므로 적절한 은행을 선택하고 해당 금액의 채권을 구매하기 바랍니다.

국민주택채권 인터넷 구매 안내 링크

메인 화면 '국민주택채권매입액 입력' 버튼을 클릭하면, 팝업창이 새로 뜨게 됩니다. 여기에 시가표준액, 국민

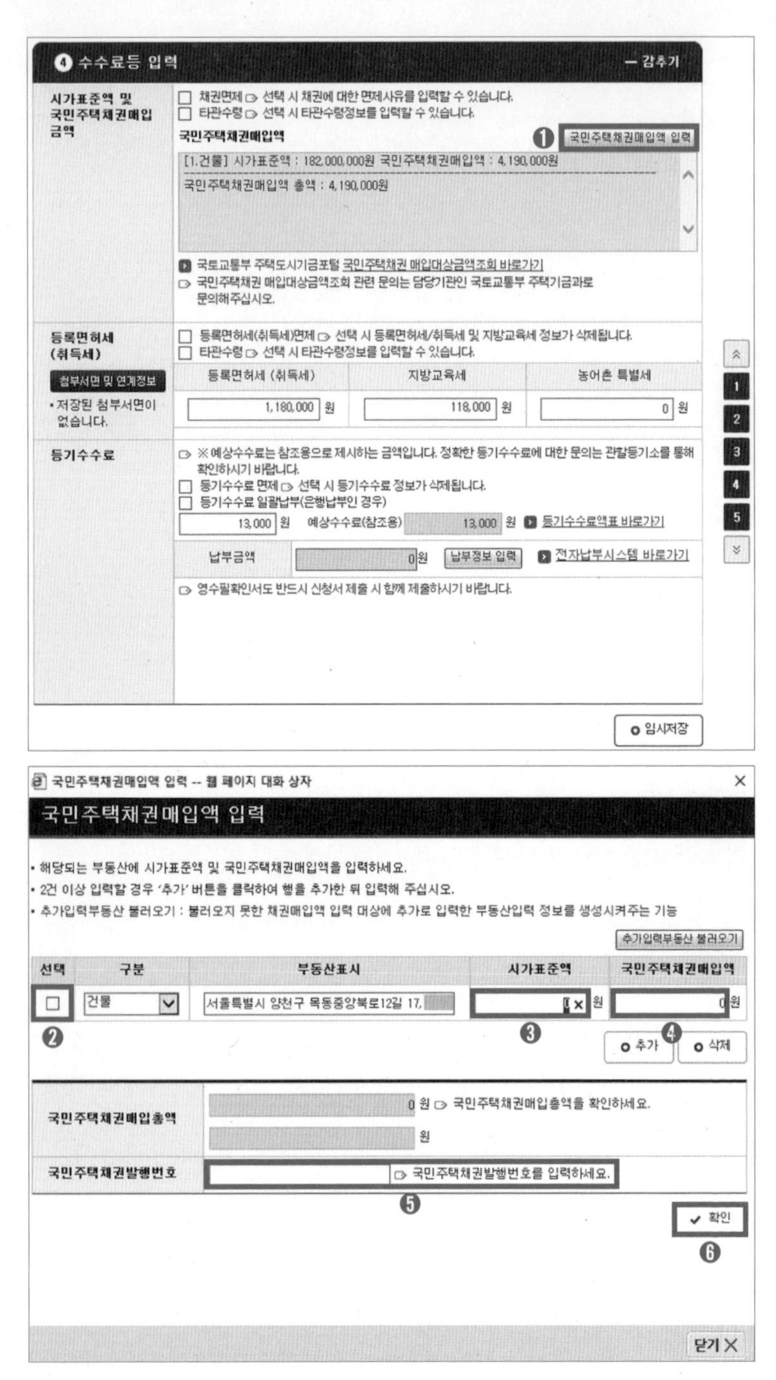

[4단계: 국민주택채권 시가 및 매입액 입력 화면]

주택매입액 및 국민주택채권발행번호(인터넷으로 납부하였다면)를 입력하고 확인 버튼을 누르면 국민주택채권 관련 입력 절차가 마무리됩니다.

등록면허세(취득세)

등록면허세(취득세), 지방교육세, 농어촌특별세 항목을 입력하려면 구청 취득세과에 문의해야 합니다. 'e-Form' 작성 시 등록면허세(취득세) 등을 입력하지 않으면 임시 저장이 되지 않으니, 반드시 미리 구청에 전화하여 납부 금액을 알아 두어야 합니다. 늦어도 매매잔금 전날까지는 금액 확인을 마치는 게 좋습니다.

매매대금 잔금일 당일 오전 7시부터 위택스를 통해 인터넷으로 취득세 신청이 가능합니다. 여의치 않다면 구청에 들러 취득세 등 고지서를 발급받아 등기소 은행출장소에서 납부하여도 됩니다.

등기수수료

소유권이전등기 등기수수료는 15,000원입니다. 전자로 납부하면 13,000원으로 할인을 해 줍니다. 전자납부시스템으로 납부하고, 납부정보 입력 항목을 클릭하여 납부

방식, 납부번호, 납부금액을 입력합니다. 등기신청 납부 수수료 납부 정보를 입력해도 영수필확인서는 반드시 첨부하여야 합니다.

❹ 수수료등 입력 — 감추기

시가표준액 및 국민주택채권매입금액

☐ 채권면제 ▷ 선택 시 채권에 대한 면제사유를 입력할 수 있습니다.
☐ 타관수령 ▷ 선택 시 타관수령정보를 입력할 수 있습니다.

국민주택채권매입액 [국민주택채권매입액 입력]

[1.건물] 시가표준액 : 182,000,000원 국민주택채권매입액 : 4,190,000원
국민주택채권매입액 총액 : 4,190,000원

▶ 국토교통부 주택도시기금포털 국민주택채권 매입대상금액조회 바로가기
▷ 국민주택채권 매입대상금액조회 관련 문의는 담당기관인 국토교통부 주택기금과로 문의해주십시오.

등록면허세 (취득세)

[첨부서면 및 연계정보]
• 저장된 첨부서면이 없습니다.

☐ 등록면허세(취득세)면제 ▷ 선택 시 등록면허세/취득세 및 지방교육세 정보가 삭제됩니다.
☐ 타관수령 ▷ 선택 시 타관수령정보를 입력할 수 있습니다.

등록면허세 (취득세)	지방교육세	농어촌 특별세
1,180,000 원	118,000 원	0 원

등기수수료

▷ ※예상수수료는 참조용으로 제시하는 금액입니다. 정확한 등기수수료에 대한 문의는 관할등기소를 통해 확인하시기 바랍니다.
☐ 등기수수료 면제 ▷ 선택 시 등기수수료 정보가 삭제됩니다.
☐ 등기수수료 일괄납부(은행납부인 경우)

13,000 원 예상수수료(참조용) 13,000 원 ▶ 등기수수료액표 바로가기

납부금액 0원 [납부정보 입력] ▶ 전자납부시스템 바로가기

▷ 영수필확인서도 반드시 신청서 제출 시 함께 제출하시기 바랍니다.

[임시저장]

[4단계: 등록면허세, 등기수수료 화면]
※ 등록면허세 정보는 임의로 기재한 것이므로 정확하지 않습니다.

5단계: 첨부서류 및 연계정보

첨부서류 항목을 보고 첨부서류를 선택합니다. 시스템에서 제시하는 항목에는 없지만 입력하여야 할 서류가 있다면, 기타 서류를 선택하고 서류의 이름을 직접 기재하고 입력합니다. 임시저장 후 작성 완료 및 확인 버튼을 누르면 등기신청서 작성 작업이 완료됩니다.

여기서는 등기필증과 등기필정보의 개념을 구분하여야 합니다. 등기필증을 첨부서류로 선택하면 등기필정보를 입력하는 공간이 생성되지 않으므로 이 점에 유의하여야 합니다(등기필증은 등기소에 제출하여야 합니다).

❺ 첨부서면 및 연계정보 — 감추기

* 첨부서면 및 연계정보

첨부서면추가 | 첨부서면삭제 | 저장

e-Form신청 경우에는 영구보존문서를 반드시 인터넷으로 제출하여야 합니다.

전자본인서명확인서 제도 시행(2017. 1. 1.)으로 「인감증명서」, 「본인서명사실확인서」 또는 「전자본인서명확인서 발급증」 을 제출할 수 있습니다.

☐	구분	첨부서면명	제출구분	통수	원용선택
☐	권리자	임대사업자등록정보			
☐	권리자	임대사업자등록증			
☑	권리자	주민등록정보	방문제출	1 통	해당사항없음
☐	등록세	등록면허세영수필확인서			
☐	등록세	등록세영수필확인서			
☑	등록세	취득세영수필확인서	방문제출	1 통	해당사항없음
☐	기타서류	(임대사업자등록정보)사전동의서			
☐	기타서류	(주민등록사항정보)사전동의서			
☐	기타서류	기타( )			

임시저장 | 목록 | 작성완료 및 확인

[5단계: 첨부서면 및 연계정보 화면]

작성 완료 및 확인 버튼을 누르면 몇 가지 확인 사항이 뜹니다. 확인 버튼을 누르고 다음 단계로 진행합니다.

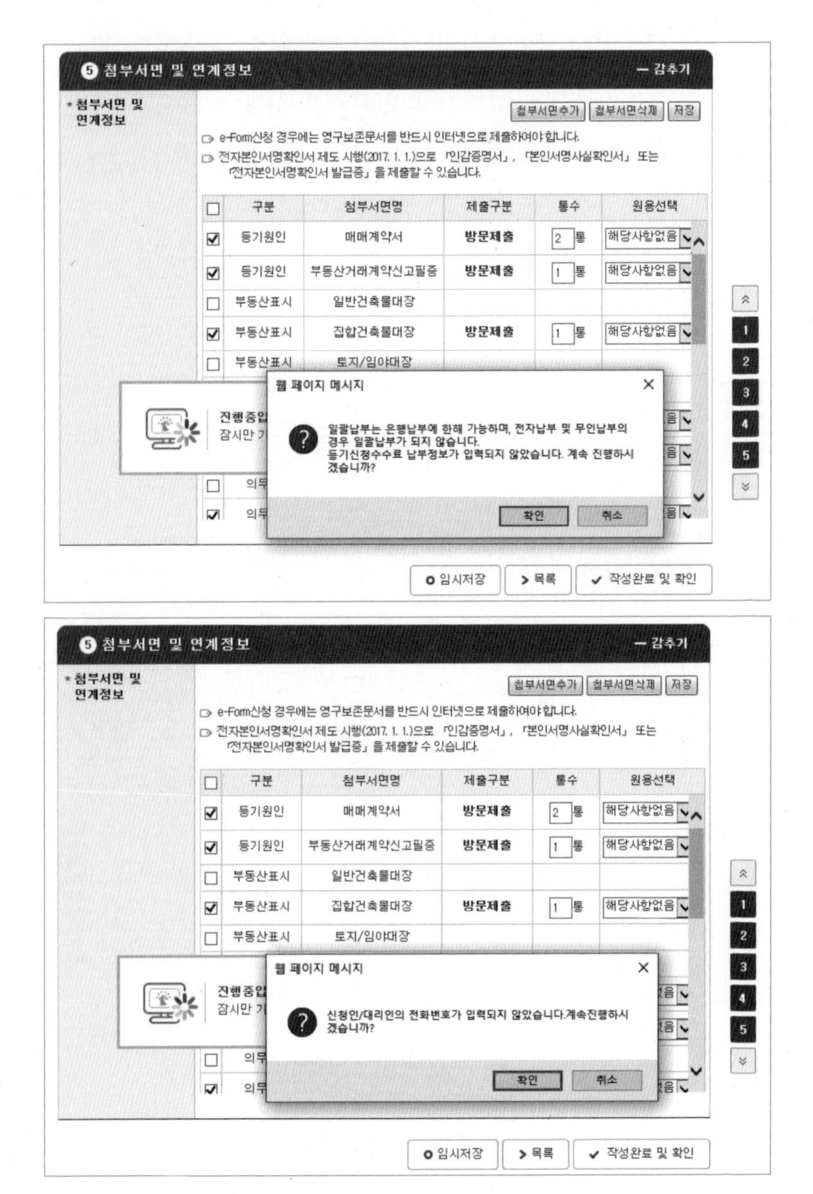

[5단계: 마무리 화면 1, 2]

6단계: 작성 완료 후 등기신청서, 위임장 출력

작성이 완료되면, 등기신청서나 위임장을 출력할 수 있는 화면이 나타납니다. 모든 항목의 작성이 완료되지 않았더라도 필수항목을 입력하였다면 출력이 가능합니다. 이후 등기소에서 수기로 기재하여 보완한 후 제출하면 됩니다.

수정 또는 추가사항이 있으면 '수정작성' 항목을 클릭한 후 다시 수정, 저장 후 출력하는 게 깔끔합니다. 현실적으로 매매대금 잔금일이 되어야 등기필정보를 입력할 수 있으므로 등기소 PC를 이용하여 수정 입력하기 바랍니다.

위임장 출력

위임장 출력을 눌러 위임인과 대리인 정보를 입력합니다. 위임인은 등기소에 가지 않는 매도인을 선택하고, 등기소에 가는 매수자를 대리인으로 입력합니다. 즉 위임대상 정보에서 매도인을 선택하여 위임인(구분항목)으로 정하고, 위임대상 정보에서 매수인을 선택하여 대리인으로 지정합니다.

입력이 정확하면 '위임인 정보'를 선택하고 확인 버튼을 누릅니다. 이제 위임장 출력을 위한 입력이 완료되었

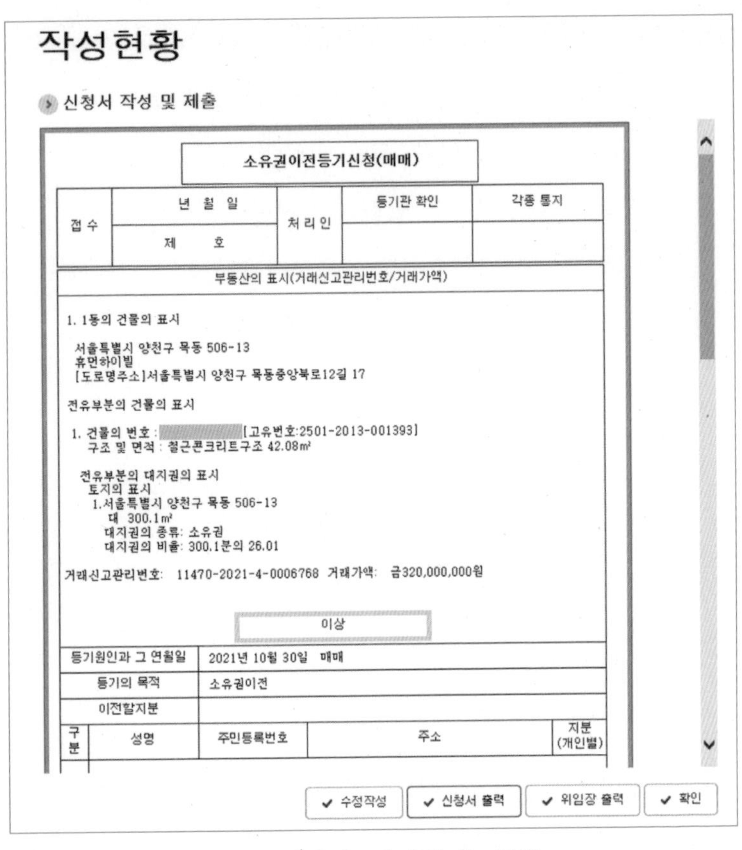

작성현황

신청서 작성 및 제출

소유권이전등기신청(매매)

접 수	년 월 일	처 리 인	등기관 확인	각종 통지
	제 호			

부동산의 표시(거래신고관리번호/거래가액)

1. 1동의 건물의 표시

서울특별시 양천구 목동 506-13
휴먼하이빌
[도로명주소]서울특별시 양천구 목동중앙북로12길 17

전유부분의 건물의 표시

1. 건물의 번호 : [고유번호:2501-2013-001393]
구조 및 면적 : 철근콘크리트구조 42.08㎡

전유부분의 대지권의 표시
토지의 표시
1.서울특별시 양천구 목동 506-13
대 300.1㎡
대지권의 종류: 소유권
대지권의 비율: 300.1분의 26.01

거래신고관리번호: 11470-2021-4-0006768 거래가액: 금320,000,000원

이상

등기원인과 그 연월일	2021년 10월 30일 매매
등기의 목적	소유권이전
이전할지분	

구분	성명	주민등록번호	주소	지분 (개인별)

✔ 수정작성 ✔ 신청서 출력 ✔ 위임장 출력 ✔ 확인

[5단계: 작성 완료 후 출력 가능 화면]

습니다. 따로 부동산의 표시 정보를 입력하지 않아도 시스템에서 자동 입력됩니다. 만약 수기로 위임장을 작성한다면 부동산 표시 정보를 찾아서 넣어야 합니다.

확인 버튼을 누르면 '신청서/위임장' 출력 화면으로 이

위임인 등록

- 위임대상정보

선택	성명(명칭)	등록번호	주소
○	구민수	750506-	서울특별시 양천구 목동중앙북로12길 17, (목동,휴먼하이빌)
○	김도연	931112-	서울특별시 양천구 목동중앙북로20길 26(목동)

* 구분	○ 위임인 ○ 대리인
* 성명(명칭)	
* 등록번호	
* 주소	

입력 수정

- 위임인 정보

선택	구분	성명(명칭)	등록번호	주소
☑	대리인	김도연	931112-	서울특별시 양천구 목동중앙북로20길 26(목동)
☑	위임인	구민수	750506-	서울특별시 양천구 목동중앙북로12길 17, (목동,휴먼하이빌)

삭제 ✔ 확인

닫기 X

[5단계: 작성 완료 후 위임장 출력 화면]

동하고, 프린트로 문서를 출력하거나 파일로 저장할 수 있습니다.

등기신청서 출력

'등기신청서 출력'을 선택하면 위임장 출력을 위해 위임인과 대리인을 선택하는 절차 없이 바로 출력 화면으로 전환됩니다.

위 임 장	
부동산의 표시	1. 1동의 건물의 표시 서울특별시 양천구 목동 506-13 휴먼하이빌 [도로명주소]서울특별시 양천구 목동중앙북로12길 17 전유부분의 건물의 표시 1. 건물의 번호 : [고유번호:2501-2013-001393] 구조 및 면적 : 철근콘크리트구조 42.08㎡ 전유부분의 대지권의 표시 토지의 표시 1.서울특별시 양천구 목동 506-13 대 300.1㎡ 대지권의 종류 : 소유권 대지권의 비율 : 300.1분의 26.01 등기원인과 그 연월일 : 2013년 10월 31일 대지권 거래신고관리번호:11470-2021-4-0006768 거래가액:금320,000,000원 이상
등기원인과 그 연월일	2021년 11월 12일 매매
등기의 목적	소유권이전
이전할 지분	
대 리 인	구민수 서울특별시 영등포구 국제금융로 7길 20 (여의도동)대교아파트
위 사람을 대리인으로 정하고 위 부동산 등기신청 및 취하에 관한 모든 권한을 위임한다. 또한 복대리인 선임을 허락한다. 년 월 일	
위임인	구민수 서울특별시 양천구 목동중앙북로12길 17, (목동,휴먼하이빌)
날 인	

[위임장 작성 사례(이전)]

샘플 작성 사례 설명

앞의 위임장은 실제 매매 사례로, 'e-Form'에서 작성했습니다. 실제 매수인 정보를 넣었으나, 다만 위임장 작성 사례는 목동에 사는 구민수가 현재 여의도에 사는 구민수에게 위임하는 형식입니다. 실제에서는 본인이 본인에게 위임하는 것이 불가능하지만 'e-Form'에서 오류 없이 작성되었습니다.

실제 매매 사례이지만 매수인, 매도인은 목동에 사는 본인이 영등포에 사는 본인에게 매각하는 구조입니다. 또 취득세 항목 금액을 임의로 기재했더니, 지방교육세 항목을 잘 입력해야 한다는 오류메시지가 나타났습니다. 만약 'e-Form' 신청서 작성 완료 전 구청에 취득세 등 관련 문의를 못하였다면, 취득세 등 가액을 강제로 입력하여 작성을 마무리해야 합니다. 당일 구청 방문 후 고지세 수령, 은행납부를 거친 후 등기신청서 제출 전에 기재 후 취소선을 긋고, 신청자가 날인하고 빈 공간에 해당 금액 정정이 가능함을 암시합니다. 추천하지는 않지만 등록기관이 거부하지는 않을 듯합니다.

즉시접수	당일접수
제출자	
총	건

전자표준양식(e-Form)번호:**2501-2021-0298204-1**

소유권이전등기신청(매매)

접 수	년 월 일	처 리 인	등기관 확인	각종 통지
	제 호			

본 신청서 상의 정보와 전자표준양식(e-Form)으로 저장된 정보는 동일함을 확인합니다. 작성완료일시 : 2021-11-22 14:25:04

본 신청서는 최초 작성 후 3개월까지만 등기소에 제출 가능합니다. 최초작성일시 : 2021-11-22 14:09:22

부동산의 표시(거래신고관리번호/거래가액)

1. 1동의 건물의 표시

서울특별시 양천구 목동 506-13
휴먼하이빌
[도로명주소]서울특별시 양천구 목동중앙북로12길 17

전유부분의 건물의 표시

1. 건물의 번호 : [고유번호:2501-2013-001393]
구조 및 면적 : 철근콘크리트구조 42.08㎡

전유부분의 대지권의 표시
토지의 표시
1.서울특별시 양천구 목동 506-13
대 300.1㎡
대지권의 종류 : 소유권
대지권의 비율 : 300.1분의 26.01

거래신고관리번호:11470-2021-4-0006768 거래가액:금 원

이상

등기원인과 그 연월일	2021년 11월 12일 매매
등기의 목적	소유권이전
이전할 지분	

구분	성 명	주민등록번호	주 소	지분 (개인별)
의무자	구민수		서울특별시 양천구 목동중앙북로12길 17,	1/1
권리자	구민수		서울특별시 영등포구 국제금융로7길 20(여의도동)	1/1

[소유권이전등기신청서 작성 사례 1]

<table>
<tr><td colspan="4">시가표준액 및 국민주택채권매입금액</td></tr>
<tr><td>부동산 표시</td><td colspan="2">부동산별 시가표준액</td><td>부동산별 국민주택채권매입금액</td></tr>
<tr><td>1. 건 물</td><td colspan="2">금 182,000,000 원</td><td>금 4,190,000 원</td></tr>
<tr><td colspan="2">국민주택채권매입총액</td><td colspan="2">금4,190,000원</td></tr>
<tr><td colspan="2">국민주택채권발행번호</td><td colspan="2"></td></tr>
<tr><td rowspan="2">등 록 면 허 세
(취 득 세, 등 록 세)</td><td rowspan="2">금 2,500,000 원</td><td>지방교육세</td><td>금 0 원</td></tr>
<tr><td>농어촌특별세</td><td>금 원</td></tr>
<tr><td colspan="2">세 액 합 계</td><td colspan="2">금 2,500,000 원</td></tr>
<tr><td colspan="2" rowspan="2">등 기 신 청 수 수 료</td><td colspan="2">금 13,000 원</td></tr>
<tr><td colspan="2">납부번호 :</td></tr>
<tr><td colspan="4">첨 부 서 면</td></tr>
<tr><td colspan="2">등기필증 1통
매매계약서 1통
부동산거래계약신고필증 1통
위임장 1통
인감증명서 1통
일반건축물대장 1통</td><td colspan="2">주민등록정보 2통
집합건축물대장 1통
취득세영수필확인서 1통</td></tr>
<tr><td colspan="4">년 월 일
위 신청인 구민수 (인) (전화 : 02-768-[illegible])
(또는)위 대리인
서울남부지방법원 등기국 귀중</td></tr>
<tr><td colspan="4">- 신청서 작성요령 -
1. 부동산표시란에 2개 이상의 부동산을 기재하는 경우에는 부동산의 일련번호를 기재하여야 합니다.
2. 신청인란 등 해당란에 기재할 여백이 없을 경우에는 별지를 이용합니다.
3. 담당 등기관이 판단하여 위의 첨부서면 외에 추가적인 서면을 요구할 수 있습니다.</td></tr>
</table>

[소유권이전등기신청서 작성 사례 2]

등기소 방문 후 제출하기

등기신청서 작성이 완료되었습니다. 하지만 현실적인 이유로 수정·입력 또는 기재가 필요하여 주의를 요합니다.

수정·입력 또는 기재 사항

- 등기필정보
- 등기수수료 납부번호, 국민주택채권발행번호

등기필정보 보완

현실적으로 매매대금 잔금일에 매수인이 매매대금을 모두 지급하여야 매도인으로부터 등기서류를 받게 됩니다. 이제 비로소 등기필정보(서류)로 등기신청서 등기할 사항(3단계) 중 '등기의무자의 등기필정보 입력' 항목의 정보를 입력할 수 있습니다.

임시로 작성한 등기신청서 출력물에는 등기의무자의 등기필정보일련번호, 비밀번호란이 없습니다. 대표번호(1544-0770)로 문의해 본 결과 입력이 완성되지 않은 항목은 출력되지 않는다고 합니다. 부동산 거래의 현실을 반영하기보다는 등기필정보의 보안을 더 중시하기 때문입니다.

매도인에게 받은 등기필정보(서류) 사항을, 등기소 민원인용 컴퓨터를 이용하여 대법원 인터넷등기소 로그인 후 수정·입력하여 출력할 수밖에 없습니다.

이미 출력한 등기신청서 여백에 등기필정보일련번호, 비밀번호를 수기로 써서 제출하는 방법이 등기소 등기관에 따라 허용하는 경우도 있다고 들었지만 그 결과를 장담할 수는 없습니다.

등기수수료 납부 및 국민주택채권발행번호 등 보완

등기소 출장은행에서 등기수수료나 국민주택채권을 구매하였다면 국민주택채권발행번호, 등기신청수수료 납부번호를 보완 또는 기재하여야 합니다. 다행히 발행번호와 납부번호를 기재하지 않아도 수기로 기재할 공간까지 함께 출력됩니다. 'e-Form' 시스템도 이 부분의 수기 기재 가능성을 미리 예상하고 허용한 것으로 추측됩니다(만약 수기 기재가 거부되면 민원인 PC에서 수정·입력을 하면 됩니다).

가까운 미래에는 부동산도 계좌이체 가능

거래를 위해 작성하거나 제출할 종이 문서가 사라지게 된다면 부동산도 전자 방식으로 거래될 수 있는 가능성이 높아집니다. 아직은 매도용 인감증명서, 주민등록초본, 구청의 거래신고필증을 종이 문서로 제출하도록 하여 부수적인 안전장치를 두고 있지만, 이 서류들은 이미 인터넷으로 발급이 가능합니다.

현장의 부동산 중개소에서 매도인과 매수인이 해당 물건을 확인하고, 매매계약을 체결하며, 매매대금 잔금일에 중개소에서 당사자들이 만나 매매대금 잔금과 등기서류를 주고 받는 관행이 아직까지는 자연스럽고, 부동산의 많은 경제적 이해관계 등 풀어야 할 과제가 남아 있지만 매수인과 매도인 등 당사자가 반드시 대면해서 해결할 일은 그리 많지 않습니다.

memo

제 4 부

그리고 플러스 알파

4부에서는 저당권 말소, 전세권, 임차권, 상속에 의한 셀프등기 방법을 소개합니다. 아파트 매매 셀프등기 사례는 있지만 전세권 등의 셀프등기를 성공한 경우는 거의 없습니다. 젊은 세대가 전세나 월세로 주택에 거주하는 비중이 높고, 유튜브 댓글에 전세권과 임차권의 셀프등기를 소개해 달라고 하는 요구가 심심치 않게 있습니다.

소유권 이외의 권리 등기신청

- 저당권
- 전세권 설정, 변경, 말소
- 임차권 설정, 말소
- 주택(상가건물) 임차권 설정, 말소

저당권

근저당권말소 등기신청서 작성

근저당권말소 등기신청은 대출받은 고객이 등기권리자가 되며, 5만 원 정도의 수수료를 고객이 부담하면 은행이 법무사를 통해 처리하여 줍니다.

	전	후
등기를 신청하는 목적 근저당권 말소	은행을 위해 근저당권이 설정되어 있음	말소
원인	대출금 상환 완료	

은행의 부동산 담보대출을 받아 잔금을 해결하였다면, 매수한 부동산에는 은행이 권리자인 근저당권이 설정되어 있습니다. 매수자가 대출을 받기 위해 부동산을 담보로 제공하였기 때문입니다.

은행이 대출을 해 주고 근저당권설정 등기의 근저당권자(등기권리자)가 되며, 매수자는 소유 부동산을 담보로 대출을 받았으므로 근저당권설정 등기의 근저당권설정자(등기의무자)가 되었습니다.

- 신청할 등기: 근저당권설정
- 등기권리자: 은행
- 등기의무자: 매수인(소유자)

은행으로부터 대출을 받으면서 많은 서류에 사인이나 날인을 하게 되는데 그중 근저당권설정 계약서가 포함되어 있습니다. 은행은 대출을 실행하면서 위임받은 법무사를 통해 근저당권설정 등기를 신청하였습니다(이때 매수자는 대부분 은행측 법무사에게 소유권이전등기신청을 위임합니다. 대출을 받으면서 셀프등기를 할 수 있는지는 이후에 별도로 다루기로 합니다).

이제 대출금을 모두 상환했으므로(또는 갚을 계획) 남아 있는 근저당권설정을 제거하는 '근저당권말소 등기신청서'를 작성해서 등기소에 제출할 예정입니다. 기존에 설정된 근저당권을 말소하는 등기를 신청한다는 의미입니다.

근저당권말소 등기신청에서는 소유자가 등기권리자(기존의 근저당권이 사라지만 깨끗한 소유권을 회복하므로)가 되고, 은행은 근저당권을 상실하게 되므로 등기의무자가 됩니다.

- 신청할 등기: 기존의 근저당권말소 등기
- 등기권리자: 소유자

• 등기의무자: 은행

은행측에 근저당권말소 문의

2021년 11월 22일 은행에 전화하여, 대출금을 모두 상환했으니 근저당권을 말소해 줄 것을 요청하였습니다. 은행 직원은 즉시 근저당권말소 신청을 진행하겠다고 했고, 잠시 후 전화가 와서 말소 비용 5만 원은 고객 부담이라는 사실을 전합니다.

은행 지점과 약정 법무사 10여 곳 정도가 업무 협약이 되어 있으므로 은행 직원이 단말기로 근저당권말소건(부동산번호와 근저당권번호 등 입력) 신청을 하면 협약된 법무사가 말소 등기를 간편하게 진행합니다.

평소라면 등기비용을 계좌이체로 보냈을 텐데, 시험삼아 셀프등기를 하겠다고 하니 근저당권설정 후 받아 보관 중이던 은행의 등기필정보 서류를 우편으로 보내주었습니다.

이제부터 'e-Form'을 통한 셀프등기 요령을 등기신청서 작성을 중심으로 설명하겠습니다.

해지증서의 의미

매매계약서, 전세계약서, 임대차계약서를 작성해 주던 중개사가 없어 직접 작성해야 할 서류가 하나 있습니다. 바로 '해지증서'입니다. 기존 계약이 종료되었음을 확인하는 서류로 말소 등기신청 시 함께 제출합니다.

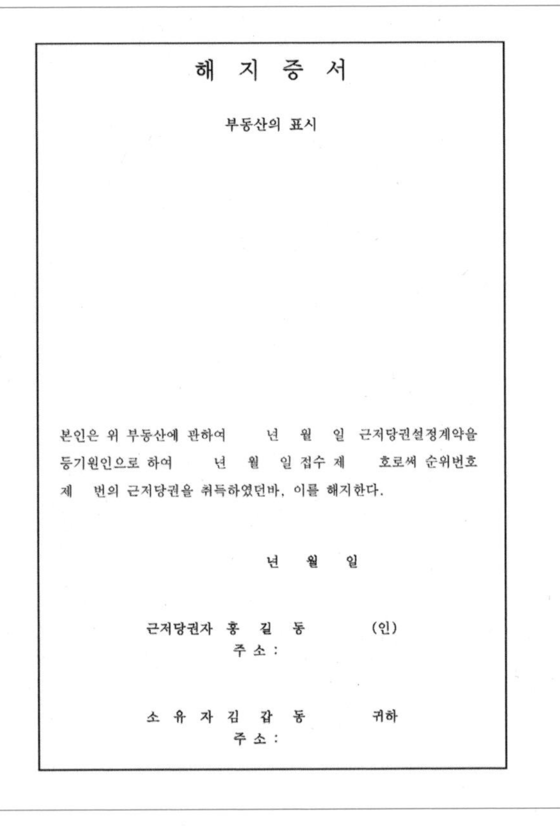

해 지 증 서

부동산의 표시

본인은 위 부동산에 관하여 년 월 일 근저당권설정계약을 등기원인으로 하여 년 월 일 접수 제 호로써 순위번호 제 번의 근저당권을 취득하였던바, 이를 해지한다.

년 월 일

근저당권자 홍 길 동 (인)
주 소 :

소 유 자 김 갑 동 귀하
주 소 :

[근저당권 해지증서 양식]

해 지 증 서

부동산의 표시

1.1동 건물의 표시

서울특별시 양천구 목동 506-13

[도로명주소]: 서울특별시 양천구 목동중앙북로 12길 17

전유부분의 건물의 표시

1. 건물의 표시 : [고유번호 : 2501-2013-001393]

구조 및 면적 : 철근콘크리트구조 42.03 ㎡

전유부분의 대지권 표시

토지의 표시

1. 서울특별시 양천구 목동 506-13

대 300.1 ㎡

대지권의 종류 : 소유권

대지권의 비율 : 300.1분의 28.01

본인은 위 부동산에 관하여 2016년 5월 4일 근저당권계약을 등기원인으로 하여 2016년 5월 4 일 접수 제20415호로써 순위번호 4번의 근저당권을 취득하였던바, 이를 해지한다.

2021년 11월 일

근저당권자 강서농협협종조합 (인)

주소 : 서울특별시 양천구 목동중앙북조 12길 17(목동)

소유자 구민수 귀하

주소 : 서울특별시 영등포구

[근저당권 해지증서 작성 사례]

간단한 해지증서 작성법

근저당권말소 등기에 사용되는 해지증서 작성 요령을 설명하겠습니다. 대법원에서 제공하는 기본 양식에 부동산의 표시, 말소할 등기, 해지 날짜와 당사자 정보를 기재하면 됩니다.

앞면 [근저당권 해지증서 양식]과 [근저당권 해지증서 작성 사례]를 서로 비교해 보기 바랍니다.

처음이라 생소할 수 있지만 e-form으로 등기신청서(근저당권말소신청서), 위임장을 먼저 작성해 보면, 해지증서도 어렵지 않게 작성이 가능합니다.

참고로 해지증서는 전세권말소신청, 임차권말소신청과 같이 '말소'라는 단어가 들어가는 등기신청서와 함께 첨부됩니다.

전세권은 전세기간, 임차권은 임차기간이 지나고 계약을 연장하지 않으면 종료됩니다. 은행 대출원리금을 모두 상환하면 은행과 고객 사이의 금전소비대차 계약(돈 빌리는 계약)이 종료되는 것과 효과가 같습니다. 이와 같이 말소등기신청의 상대방인 전세권자, 임차권자, 근저당권자로부터 계약관계가 종료되었다는 사실을 확인받는 서류라고 이해하면 됩니다.

일반적으로 계약 관계 종료 원인은 '해지'라는 표현을 쓰고, 앞에 설정된 등기를 없애는 등기를 '말소등기신청'이라고 합니다.

이제부터 등기신청서(근저당권말소신청서), 위임장과 해지증서 작성 요령을 순서대로 설명하겠습니다.

근저당권말소등기신청 흐름

① 등기신청서, 위임장, 해지증서 작성

② 위임장 및 해지증서 날인 요청(이메일, 팩스, 우편 이용)

③ 등기신청 수수료, 등록면허세 납부 등

④ 등기신청서 출력 후 제출(첨부서류)

근저당권 말소등기 흐름도

대출금 상환 전 e-FORM으로 등기신청서와 위임장을 작성하고, 해지증서를 미리 만들어 두는 것이 핵심

	준비자	준비서류 등	준비행위	대출금 상환	준비단계		구청	법원출장소	납부& 작성 보완	법원
	중개인	×								
등기신청서	매수인	**등기신청서**	작성		e-Form 작성	e-Form 출력				
		위임장								
		해지증서				별도작성				
첨부서류	은행	**해지증서**	?							제출
		등기필증	수령	●					보완 가능	
		인감증명서	×							
		도장 (일반도장 가능)	날인	해지증서 위임장날인						
첨부서류	매수인	신분증								
		취득세 (등록면허세)			●			납부가능	보완 가능	
		수입인지			●(확인필요)			납부가능		
		등기수수료			●			납부가능		
		국민주택	×							

대출금 상환 후 근저당권 말소 비용은 소유자가 부담. 셀프등기를 한다고 하면 은행 협조함

셀프등기를 해지증서 본인 작성(말소등기신청서, 위임장 작성하면 간단함)

E-form 작성 후 부동산표시부분 복사 & 붙여 넣기 가능

먼저, 등기신청서부터 작성을 하겠습니다.

즉시접수	당일접수
제출자	
총	건

근저당권말소등기신청

접 수	년 월 일	처 리 인	등기관 확인	각종 통지
	제 호			

부동산의 표시	
등기원인과 그 연월일	년 월 일
등 기 의 목 적	
말 소 할 등 기	

구분	성 명 (상호·명칭)	주민등록번호 (등기용등록번호)	주 소 (소 재 지)	지 분 (개인별)
등기의무자				
등기권리자				

<table>
<tr><td>등 록 면 허 세</td><td colspan="2">금 원</td></tr>
<tr><td>지 방 교 육 세</td><td colspan="2">금 원</td></tr>
<tr><td>세 액 합 계</td><td colspan="2">금 원</td></tr>
<tr><td rowspan="3">등 기 신 청 수 수 료</td><td colspan="2">금 원</td></tr>
<tr><td colspan="2">납부번호 :</td></tr>
<tr><td colspan="2">일괄납부 : 건 원</td></tr>
<tr><td colspan="3">등기의무자의 등기필정보</td></tr>
<tr><td>부동산 고유번호</td><td colspan="2"></td></tr>
<tr><td>성명(명칭)</td><td>일련번호</td><td>비밀번호</td></tr>
<tr><td></td><td></td><td></td></tr>
<tr><td>부동산 고유번호</td><td colspan="2"></td></tr>
<tr><td>성명(명칭)</td><td>일련번호</td><td>비밀번호</td></tr>
<tr><td></td><td></td><td></td></tr>
<tr><td colspan="3">첨 부 서 면</td></tr>
<tr><td colspan="2">· 포기증서 통
· 등록면허세영수필확인서 통
· 등기신청수수료 영수필확인서 통
· 등기필증 통
· 위임장 통</td><td>〈기 타〉</td></tr>
<tr><td colspan="3">년 월 일

위 신청인 ㉞ (전화 :)
㉞ (전화 :)

(또는)위 대리인 (전화 :)

지방법원 귀중</td></tr>
</table>

- 신청서 작성요령 -

* 1. 부동산표시란에 2개 이상의 부동산을 기재하는 경우에는 부동산의 일련번호를 기재하여야 합니다.
  2. 신청인란등 해당란에 기재할 여백이 없을 경우에는 별지를 이용합니다.
  3. 담당 등기관이 판단하여 위의 첨부서면 외에 추가적인 서면을 요구할 수 있습니다.

'e-Form'을 활용

대법원 인터넷등기소 홈페이지에 로그인 후 작성합니다. 작성은 5단계로 구성되며, 작성 완료 후 출력하여 관할 등기소를 방문하여 제출한다는 점은 기본적으로 동일합니다.

1단계: 제출방식 및 이용동의

동일합니다.

2단계: 등기유형/원인/부동산 표시

- 등기유형/원인

  등기 유형 중 '근저당권말소등기'를 선택합니다.

- 부동산 표시

  부동산 입력 항목을 클릭하면 새로운 팝업창이 뜨고, 새 창에서 등기부등본을 참조하여 부동산 고유번호를 입력하고, 관할등기소를 입력(예시: 서울남부지방법원 등기국)하면 화면 중간에 임시저장된 값이 보이고 이때 선택창을 누르고 확인 버튼을 클릭합니다. 메인 화면에 부동산 표시가 유효하게 입력됩니다.

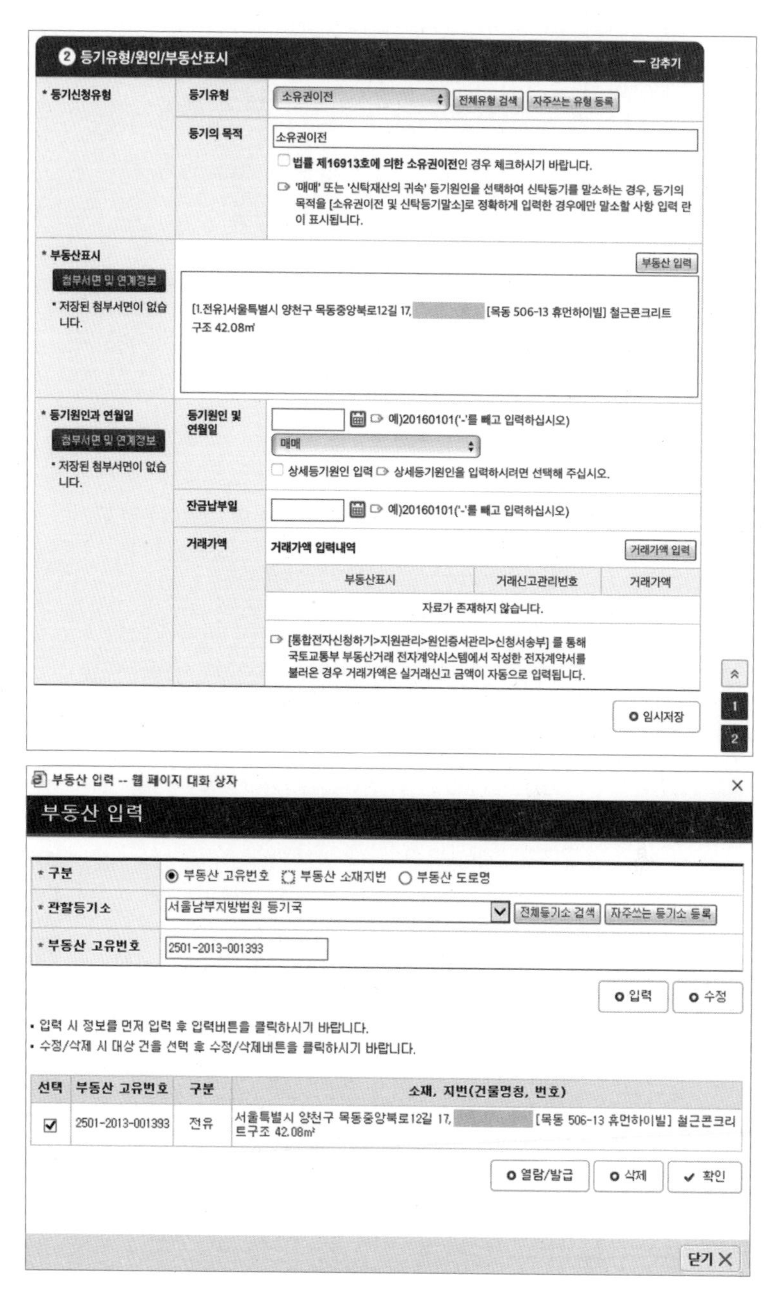

2 등기유형/원인/부동산표시
— 감추기
* 등기신청유형
등기유형
소유권이전
전체유형 검색
자주쓰는 유형 등록
등기의 목적
소유권이전
법률 제16913호에 의한 소유권이전인 경우 체크하시기 바랍니다.
'매매' 또는 '신탁재산의 귀속' 등기원인을 선택하여 신탁등기를 말소하는 경우, 등기의 목적을 [소유권이전 및 신탁등기말소]로 정확하게 입력한 경우에만 말소할 사항 입력 란이 표시됩니다.
* 부동산표시
첨부서면 및 연계정보
* 저장된 첨부서면이 없습니다.
부동산 입력
[1.전유]서울특별시 양천구 목동중앙북로12길 17, [목동 506-13 휴먼하이빌] 철근콘크리트구조 42.08㎡
* 등기원인과 연월일
첨부서면 및 연계정보
* 저장된 첨부서면이 없습니다.
등기원인 및 연월일
예)20160101('-'를 빼고 입력하십시오)
매매
상세등기원인 입력
상세등기원인을 입력하시려면 선택해 주십시오.
잔금납부일
예)20160101('-'를 빼고 입력하십시오)
거래가액
거래가액 입력내역
거래가액 입력
부동산표시
거래신고관리번호
거래가액
자료가 존재하지 않습니다.
[통합전자신청하기>지원관리>원인증서관리>신청서송부] 를 통해 국토교통부 부동산거래 전자계약시스템에서 작성한 전자계약서를 불러온 경우 거래가액은 실거래신고 금액이 자동으로 입력됩니다.
임시저장
1
2
부동산 입력 -- 웹 페이지 대화 상자
부동산 입력
* 구분
부동산 고유번호
부동산 소재지번
부동산 도로명
* 관할등기소
서울남부지방법원 등기국
전체등기소 검색
자주쓰는 등기소 등록
* 부동산 고유번호
2501-2013-001393
입력
수정
• 입력 시 정보를 먼저 입력 후 입력버튼을 클릭하시기 바랍니다.
• 수정/삭제 시 대상 건을 선택 후 수정/삭제버튼을 클릭하시기 바랍니다.
선택
부동산 고유번호
구분
소재, 지번(건물명칭, 번호)
2501-2013-001393
전유
서울특별시 양천구 목동중앙북로12길 17, [목동 506-13 휴먼하이빌] 철근콘크리트구조 42.08m²
열람/발급
삭제
확인
닫기

[부동산 입력 화면]

• 등기원인 및 연월일

메인 화면 달력 버튼을 눌러 근저당권 해지 날짜를 기재합니다. 해지증서 작성일 또는 대출상환 완료일이 됩니다. 해지는 기존의 계약관계가 종료되었다는 뜻인데, 등기관은 등기신청서를 접수하면서 해지증서가 유효하게 작성되었는지 확인할 뿐 날짜가 정확한지는 관여하지 않는 것 같습니다.

메인 화면에서 임시저장 버튼을 누르면 2단계 절차가 마무리 됩니다.

❷ 등기유형/원인/부동산표시 — 감추기

* 등기신청유형 | 등기유형 | 근저당권말소 | 전체유형 검색 | 자주쓰는 유형 등록
등기의 목적 | 근저당권말소

* 부동산표시 | 부동산 입력
첨부서면 및 연계정보
• 저장된 첨부서면이 없습니다.
[1.전유]서울특별시 양천구 목동중앙북로12길 17, [목동 506-13 휴먼하이빌] 철근콘크리트구조 42.08㎡

* 등기원인과 연월일 | 등기원인 및 연월일 | 2021-11-29 | 예)20160101('-'를 빼고 입력하십시오)
해지
☐ 상세등기원인 입력 상세등기원인을 입력하시려면 선택해 주십시오.
첨부서면 및 연계정보
• 저장된 첨부서면이 없습니다.

임시저장

[등기원인 및 연월일 화면]

3단계: 등기할 사항(신청부동산표시/말소해야 할 등기/등기의무자/ 등기권리자/신청인)

• 신청부동산

2단계 입력단계로 부동산 정보는 자동입력 됩니다.

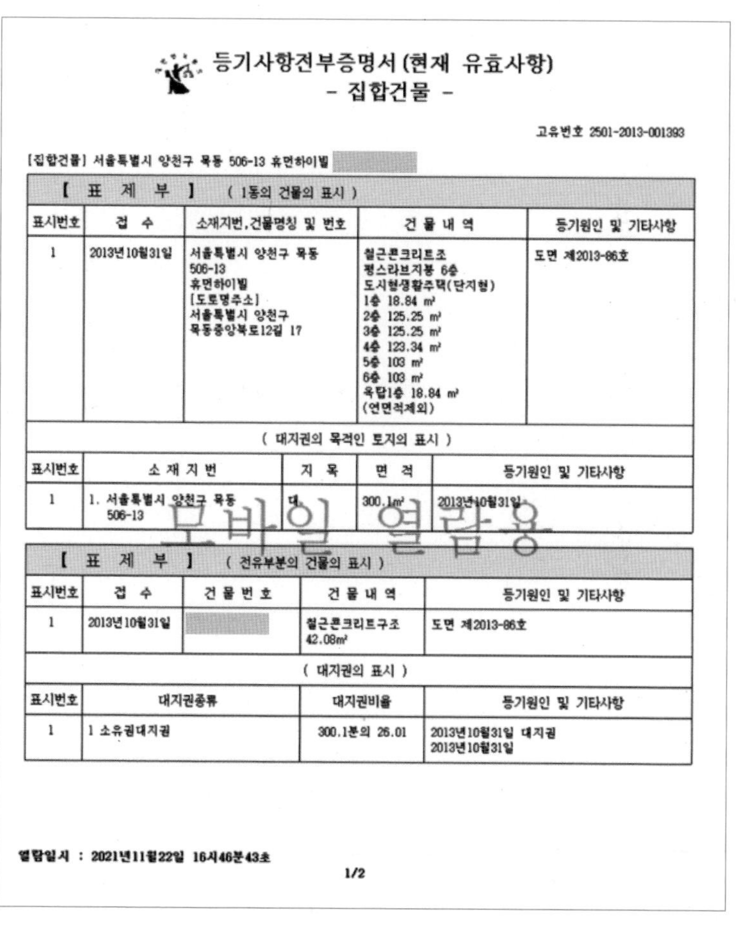

등기사항전부증명서 (현재 유효사항)
- 집합건물 -

고유번호 2501-2013-001393

[집합건물] 서울특별시 양천구 목동 506-13 휴먼하이빌

【 표 제 부 】 (1동의 건물의 표시)

표시번호	접 수	소재지번,건물명칭 및 번호	건 물 내 역	등기원인 및 기타사항
1	2013년10월31일	서울특별시 양천구 목동 506-13 휴먼하이빌 [도로명주소] 서울특별시 양천구 목동중앙북로12길 17	철근콘크리트조 평스라브지붕 6층 도시형생활주택(단지형) 1층 18.84 ㎡ 2층 125.25 ㎡ 3층 125.25 ㎡ 4층 123.34 ㎡ 5층 103 ㎡ 6층 103 ㎡ 옥탑1층 18.84 ㎡ (연면적제외)	도면 제2013-86호

(대지권의 목적인 토지의 표시)

표시번호	소 재 지 번	지 목	면 적	등기원인 및 기타사항
1	1. 서울특별시 양천구 목동 506-13	대	300.1㎡	2013년10월31일

【 표 제 부 】 (전유부분의 건물의 표시)

표시번호	접 수	건 물 번 호	건 물 내 역	등기원인 및 기타사항
1	2013년10월31일		철근콘크리트구조 42.08㎡	도면 제2013-86호

(대지권의 표시)

표시번호	대지권종류	대지권비율	등기원인 및 기타사항
1	1 소유권대지권	300.1분의 26.01	2013년10월31일 대지권 2013년10월31일

열람일시 : 2021년11월22일 16시46분43초

1/2

[근저당권말소 3단계: 등기부등본 1]

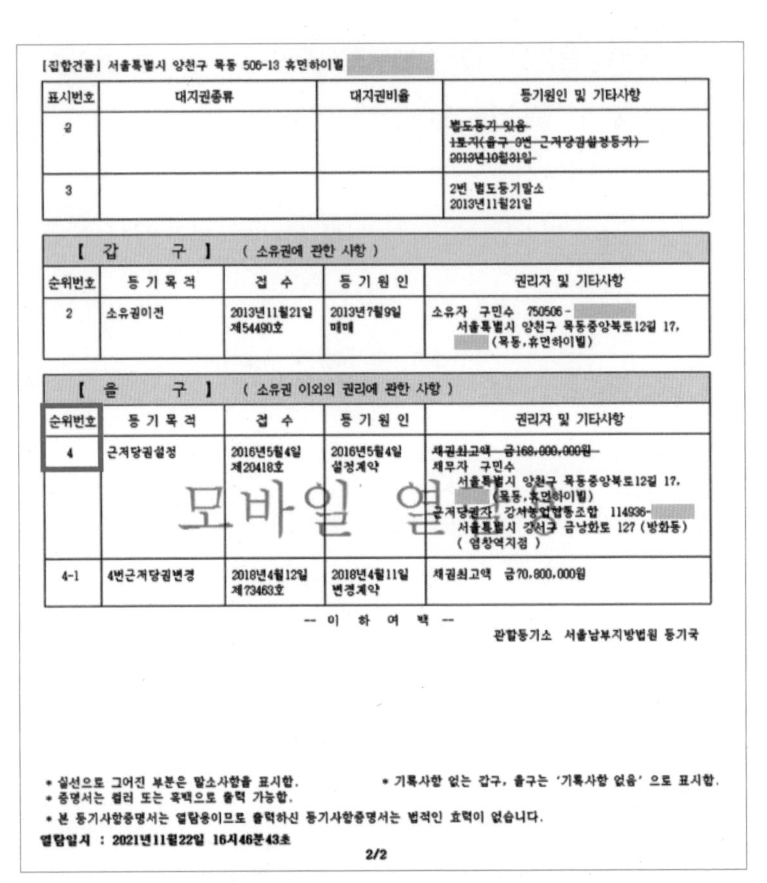

[집합건물] 서울특별시 양천구 목동 506-13 휴먼하이빌

표시번호	대지권종류	대지권비율	등기원인 및 기타사항
2			~~별도등기 있음~~ ~~1토지(을구 9번 근저당권설정등기)~~ ~~2013년10월31일~~
3			2번 별도등기말소 2013년11월21일

【 갑 구 】 (소유권에 관한 사항)

순위번호	등 기 목 적	접 수	등 기 원 인	권리자 및 기타사항
2	소유권이전	2013년11월21일 제54490호	2013년7월9일 매매	소유자 구민수 750506- 서울특별시 양천구 목동중앙북로12길 17, (목동,휴먼하이빌)

【 을 구 】 (소유권 이외의 권리에 관한 사항)

순위번호	등 기 목 적	접 수	등 기 원 인	권리자 및 기타사항
4	근저당권설정	2016년5월4일 제20418호	2016년5월4일 설정계약	~~채권최고액 금168,000,000원~~ 채무자 구민수 서울특별시 양천구 목동중앙북로12길 17, (목동,휴먼하이빌) 근저당권자 강서농업협동조합 114936- 서울특별시 강서구 금낭화로 127 (방화동) (염창역지점)
4-1	4번근저당권변경	2018년4월12일 제73463호	2018년4월11일 변경계약	채권최고액 금70,800,000원

-- 이 하 여 백 --

관할등기소 서울남부지방법원 등기국

* 실선으로 그어진 부분은 말소사항을 표시함. * 기록사항 없는 갑구, 을구는 '기록사항 없음' 으로 표시함.
* 증명서는 컬러 또는 흑백으로 출력 가능함.
* 본 등기사항증명서는 열람용이므로 출력하신 등기사항증명서는 법적인 효력이 없습니다.

열람일시 : 2021년11월22일 16시46분43초

2/2

[근저당권말소 3단계: 등기부등본 2]

- 말소해야 할 등기

말소될 근저당권설정 등기를 찾아서 입력해야 합니다. 말소해야 할 등기 입력 항목을 클릭하면 새로운 팝업창이 뜹니다. 기존에 입력한 정보를 기초로 필수값으로 표시된 신청부동산표시정보, 해당부 항목에 기본정보가 세팅됩니다.

여기에 순위번호, 전부번호, 접수일자, 동순위번호 등 최소한 한 가지 조건값을 넣어야 말소할 등기를 데이터베이스에서 검색할 수 있습니다.

테스트 결과, 등기부등본에서 순위번호를 찾아 숫자(예시: 4)만 입력하는 게 가장 간편하고 빨랐습니다.

등기필정보로는 접수일자(예시: 2016년 5월 4일), 접수번호(예시: 20418) 정보를 찾을 수 있으므로 그 정보를 입력하여 검색을 해도 됩니다.

화면 중간에 순위번호가 포함된 근저당권 정보가 뜨면 선택창을 누르고 확인 버튼을 클릭하면 '말소해야 할 등기' 정보 입력이 마무리됩니다.

결국 '을구 순위번호 4' 정보를 이용하여 말소할 근저당권을 찾아 지정해주는 게 이번 절차의 목적이 되는 셈입니다.

❸ 등기할 사항 — 감추기

신청부동산의 표시

신청부동산의 표시

NO	부동산 고유번호	구분	소재,지번(건물명칭, 번호)	대지권표시
1	2501-2013-001393	전유부분	서울특별시 양천구 목동중앙북로12길 17, [목동 506-13 휴먼하이빌]	☑

*** 말소해야할 등기**

첨부서면 및 연계정보

- 저장된 첨부서면이 없습니다.

말소해야할 등기 말소해야 할 등기 입력

부동산 표시내역	접수일자	접수번호	순위번호
자료가 존재하지 않습니다.			

말소할 사항 (최대 2,000자)

*** 등기의무자**

첨부서면 및 연계정보

- 저장된 첨부서면이 없습니다.

등기의무자 등기의무자 입력

성명(명칭)	주소	대표자/기관
자료가 존재하지 않습니다.		

등기의무자의 등기필정보 등기의무자의 등기필정보 입력

*** 등기권리자**

첨부서면 및 연계정보

- 저장된 첨부서면이 없습니다.

등기권리자 등기권리자 입력

성명(명칭)	주소
자료가 존재하지 않습니다.	

등기권리자의 등기필정보 등기필정보 또는 등기완료통지서 수령자 확인

신청인/대리인 (작성자)

제출자 입력

※ 신청인 본인이 아닌 제3자가 등기소에 신청서를 제출하려는 경우 상단의 '제출자 입력'란을 선택하여 제출자정보를 입력하여 주시기 바랍니다.

신청인 구민수 전화번호:02-768-

1 2 3 4 5

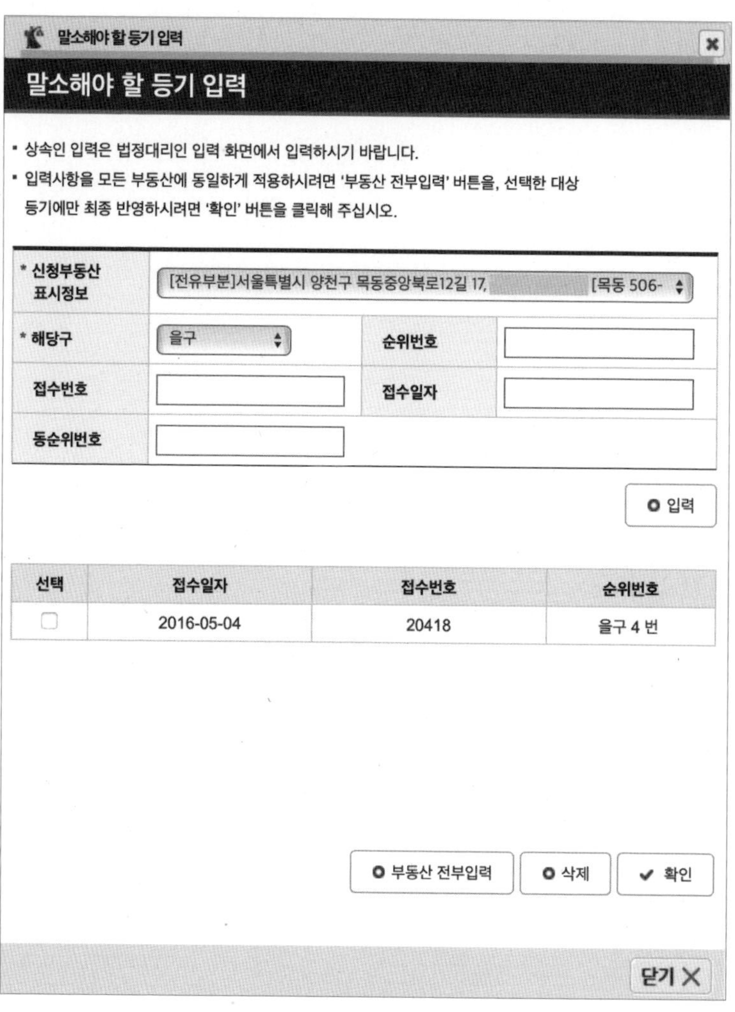

말소해야 할 등기 입력

말소해야 할 등기 입력

- 상속인 입력은 법정대리인 입력 화면에서 입력하시기 바랍니다.
- 입력사항을 모든 부동산에 동일하게 적용하시려면 '부동산 전부입력' 버튼을, 선택한 대상 등기에만 최종 반영하시려면 '확인' 버튼을 클릭해 주십시오.

* 신청부동산 표시정보	[전유부분]서울특별시 양천구 목동중앙북로12길 17, [illegible] [목동 506-		
* 해당구	을구	순위번호	
접수번호		접수일자	
동순위번호			

입력

선택	접수일자	접수번호	순위번호
☐	2016-05-04	20418	을구 4 번

부동산 전부입력 | 삭제 | 확인

닫기 X

[말소해야 할 등기]

• 등기의무자

등기필정보 또는 등기부등본을 보고 등록번호 구분 항목에 법인, 성명(명칭) 항목에 권리자 정보, 법인등록번호, 주소를 기재하고 입력 버튼을 클릭하여 중간에 등기의무자 정보가 뜨면 선택 버튼을 누른 후 확인 버튼을 클릭합니다.

등기의무자의 등기필정보 입력 항목을 클릭하면 새로운 팝업창이 뜹니다. 검증대상 등기의무자 선택 항목에서 임시로 보이는 등기의무자 정보를 클릭합니다. 접수번호와 접수일자는 이번에 말소될 근저당권설정 등기의 관련 정보입니다.

등기필정보에서 보안스티커를 제거하고 일련번호 12자리(예시: 8ZFX-KR27-FDZK)와 비밀번호 00-0000을 입력 후 검증을 한 번 하고 확인 버튼을 누릅니다.

등기필정보 및 등기완료통지서

접수번호 : 20418　　　　**대리인 : 법무사 박종길**

권　　리　　자 : 강서농업협동조합 (염창역지점)
(주민)등록번호 : 114936-
주　　　　　소 : 서울특별시 강서구 금낭화로 127 (방화동)

부동산고유번호 : 2501-2013-001393
부 동 산 소 재 : [집합] 서울특별시 양천구 목동 506-13 휴먼하이빌
(도로명주소) 서울특별시 양천구 목동중앙북로12길 17
접 수 일 자 : 2016년5월4일　　접 수 번 호 : 20418
등 기 목 적 : 근저당권설정
등기원인및일자 : 2016년05월04일 설정계약

부착기준선

일련번호 : 82FX-K827-FDKK
비밀번호 (기재순서:순번-비밀번호)

01-5063	11-7812	21-4477	31-0003	41-8365
02-2487	12-7152	22-5751	32-1155	42-0284
03-4034	13-7081	23-7715	33-5016	43-6618
04-0410	14-2757	24-2630	34-8635	44-3053
05-8603	15-3020	25-3786	35-3323	45-2448
06-7818	16-2085	26-6508	36-2746	46-7174
07-1852	17-6286	27-8362	37-1602	47-7880
08-4070	18-1501	28-2530	38-8232	48-4466
09-4051	19-1578	29-0036	39-5014	49-5658
10-2783	20-8851	30-7670	40-7243	50-4171

2016년 5월 11일

서울남부지방법원 등기과
등기관

※ 등기필정보 사용방법 및 주의사항

- ◆ 보안스티커 안에는 다음 번 등기신청시에 필요한 일련번호와 50개의 비밀번호가 기재되어 있습니다.
- ◆ 등기신청시 보안스티커를 떼어내고 일련번호와 비밀번호 1개를 임의로 선택하여 해당 순번과 함께 신청서에 기재하면 종래의 등기필증을 첨부한 것과 동일한 효력이 있으며, 등기필정보 및 등기완료통지서면 자체를 첨부하는 것이 아님에 유의하시기 바랍니다.
- ◆ 따라서 등기신청시 등기필정보 및 등기완료통지서면을 거래상대방이나 대리인에게 줄 필요가 없고, 대리인에게 위임한 경우에는 일련번호와 비밀번호 50개 중 1개와 해당 순번만 알려주시면 됩니다.
- ◆ 만일 등기필정보의 비밀번호 등을 다른 사람이 안 경우에는 종래의 등기필증을 분실한 것과 마찬가지의 위험이 발생하므로 관리에 철저를 기하시기 바랍니다.

☞ 등기필정보 및 등기완료통지서는 종래의 등기필증을 대신하여 발행된 것으로 분실시 재발급되지 아니하니 보관에 각별히 유의하시기 바랍니다.

먼저 'e-Form'으로 근저당권말소 등기신청서를 작성하고 있다면, 아직 대출상환이 완료되지 않았거나 은행으로부터 등기필정보를 수령하지 않은 상태입니다. 이 단계

③ 등기할 사항 — 감추기

신청부동산의 표시

신청부동산의 표시

NO	부동산 고유번호	구분	소재,지번(건물명칭, 번호)	대지권표시
1	2501-2013-001393	전유부분	서울특별시 양천구 목동중앙북로12길 17, [목동 506-13 휴먼하이빌]	☑

*** 말소해야할 등기**

첨부서면 및 연계정보

* 저장된 첨부서면이 없습니다.

말소해야할 등기 — 말소해야 할 등기 입력

부동산 표시내역	접수일자	접수번호	순위번호
[전유]서울특별시 양천구 목동중앙북로12길 17, [목동 506-13 휴먼하이빌]	2016-05-04	20418	을구 4 번

말소할 사항 (최대 2,000자)

2016년05월04일 접수 제20418호(으)로 경료한 근저당권설정

*** 등기의무자**

첨부서면 및 연계정보

* 위임장

등기의무자 — 등기의무자 입력

성명(명칭)	주소	대표자/기관
강서농업협동조합	서울특별시 강서구 금낭화로 127	

대위자

등기의무자의 등기필정보 — 등기의무자의 등기필정보 입력

강서농업협동조합

*** 등기권리자**

첨부서면 및 연계정보

* 위임장

등기권리자 — 등기권리자 입력

성명(명칭)	주소
구민수	서울특별시 영등포구 국제금융로7길 20(여...

등기권리자의 등기필정보 — 등기필정보 또는 등기완료통지서 수령자 확인

구민수

신청인/대리인 (작성자)

제출자 입력

※ 신청인 본인이 아닌 제3자가 등기소에 신청서를 제출하려는 경우 상단의 '제출자 입력'란을 선택하여 제출자정보를 입력하여 주시기 바랍니다.

신청인 구민수 전화번호:02-768-

임시저장

1 2 3

에서는 메인 화면에서 등기의무자까지만 입력해도 등기신청서, 위임장, 해지증서 작성을 완료할 수 있습니다.

'등기의무자의 등기필정보 입력'은 은행으로부터 등기필정보 서류를 받은 후부터 등기신청서를 등기소에 제출하기 전까지 언제든지 보완 또는 수정 입력이 가능합니다.

등기의무자의 등기필정보 입력

등기의무자의 등기필정보 입력

• 검증대상 등기의무자를 선택한 후 등기필정보일련번호와 비밀번호를 입력하고 검증해 주십시오.

검증대상 등기의무자 선택

* 신청부동산표시정보	[전유]서울특별시 양천구 목동중앙북로12길 17, [목동 506-13 휴먼하이빌]

선택	성명(명칭)	(주민)등록번호	주소	검증결과
☐	강서농업협동조합	114936-	서울특별시 강서구 금낭화로 127	유효함

총 1건 1 / 1

삭제

등기필정보 검증

• 등기필정보 일련번호 입력은 타관할 부동산 또는 기존 담보 부동산을 제외합니다.
• 등기필정보 검증 시 접수번호가 달라 검증이 되지 않으면 아래 접수번호, 접수일자를 수정하여 검증하시기 바랍니다.
• 사용 가능한 비밀번호를 모르실 경우 '사용가능한 비밀번호 조회' 버튼을 클릭하여 조회 하시기 바랍니다.

* 성명(명칭)		* (주민)등록번호	
* 주소			
* 등기필정보접수번호		* 등기필정보접수일자	
* 등기필정보일련번호		* 비밀번호	- 검증

사용가능한 비밀번호 조회 ✔ 확인

주의사항

• 5회 연속비밀번호 오류 시 등기필 정보를 사용하실 수 없게 됩니다.
• 이러한 경우 신청인이 직접 등기소를 방문하여 해당 등기필 정보의 재사용을 신청하셔야 합니다.
• 모든 등기의무자의 등기필정보를 입력하여 검증한 후 '확인' 버튼을 클릭하시기 바랍니다.

[근저당말소 3단계: 등기필정보 입력 화면]

입력을 완료하면 '유효한 등기필정보입니다'라는 안내 표시가 뜹니다.

❸ 등기할 사항 — 감추기

신청부동산의 표시

신청부동산의 표시

NO	부동산 고유번호	구분	소재,지번(건물명칭, 번호)	대지권표시
1	2501-2013-001393	전유부분	서울특별시 양천구 목동중앙북로12길 17, [목동 506-13 휴먼하이빌]	☑

*** 말소해야할 등기**

첨부서면 및 연계정보

* 저장된 첨부서면이 없습니다.

말소해야할 등기 — 말소해야 할 등기 입력

부동산 표시내역	접수일자	접수번호	순위번호
[전유]서울특별시 양천구 목동중앙북로12길 17, [목동 506-13 휴먼하이빌]	2016-05-04	20418	을구 4 번

말소할 사항 (최대 2,000자)

2016년05월04일 접수 제20418호(으)로 경료한 근저당권설정

*** 등기의무자**

첨부서면 및 연계정보

* 위임장

등기의무자 — 등기의무자 입력

성명(명칭)	주소	대표자/기관
강서농업협동조합	서울특별시 강서구 금낭화로 127	

대위자

등기의무자의 등기필정보 — 등기의무자의 등기필정보 입력

강서농업협동조합

*** 등기권리자**

첨부서면 및 연계정보

* 위임장

등기권리자 — 등기권리자 입력

성명(명칭)	주소
구민수	서울특별시 영등포구 국제금융로7길 20(여...

등기권리자의 등기필정보 — 등기필정보 또는 등기완료통지서 수령자 확인

구민수

신청인/대리인 (작성자)

제출자 입력

※ 신청인 본인이 아닌 제3자가 등기소에 신청서를 제출하려는 경우 상단의 '제출자 입력'란을 선택하여 제출자 정보를 입력하여 주시기 바랍니다.

신청인 구민수 전화번호:02-768-

임시저장

1 2 3 4

• 등기권리자

은행 대출금을 모두 갚아 근저당권 말소 신청을 요청하는 등기권리자 정보를 입력합니다. 등기권리자 입력 항목을 클릭하면 새로운 팝업창이 뜨게 됩니다. 등록번호 구분은 내국인, 성명, 주민번호, 주소를 차례대로 기재하고 입력 버튼을 누르면 중간에 임시로 정보가 저장됩니다. 중간 저장된 성명을 선택하고 저장 버튼을 누르면 입력이 완료됩니다.

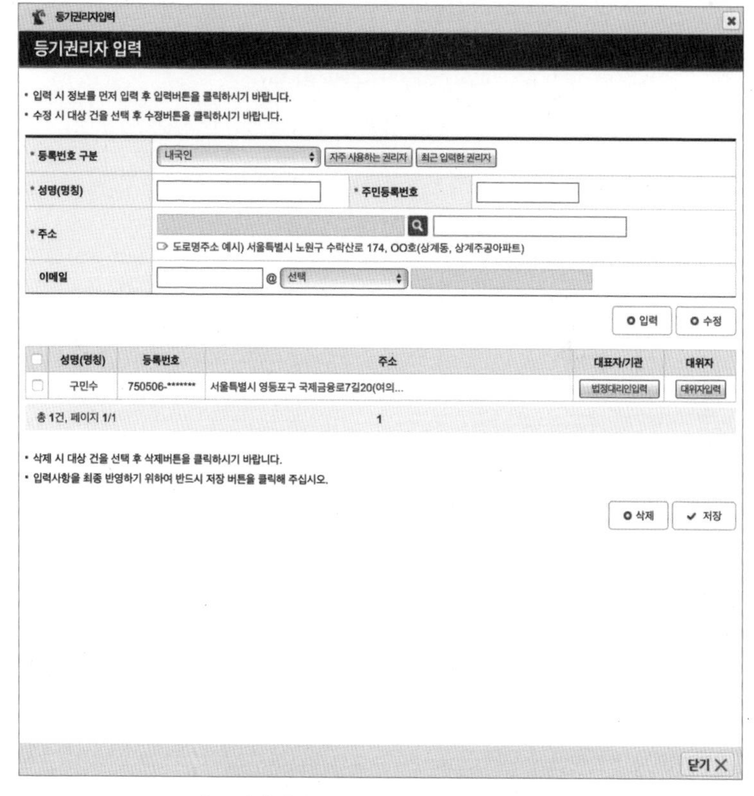

[근저당권말소 3단계: 등기권리자 화면]

- 신청인/대리인(작성자)

  제출자 입력 항목을 클릭하면 새 팝업창이 뜨고, 대법원 홈페이지에 로그인한 사람의 인적 정보가 세팅되어 있습니다. 선택창을 누르고 확인을 누르면 됩니다.

이제 3단계 입력이 마무리되었습니다. 임시저장 버튼을 누르고 4단계로 넘어갑니다.

4단계 : 수수료 등 입력(등록면허세, 등기수수료)

근저당권말소 신청의 등록면허세는 부동산 1개당 6,000원, 지방교육세 1,200원을 납부해야 합니다. 금액을 기재합니다.

위택스를 통해 납부 가능합니다. 영수증은 출력하여 등기소에 제출합니다.

등기신청수수료는 부동산 1개 당 3,000원을 납부하여야 하며 인터넷 납부는 2,000원입니다

납부 후 등기신청수수료 납부번호를 신청서에 보완 또는 수정·작성하여 입력하고, 영수증은 출력하여 등기소에 제출합니다.

즉시접수	당일접수
제출자	
총	건

전자표준양식(e-Form) 번호: **2501-2021-0301863-1**

근저당권말소등기신청

접 수	년 월 일	처 리 인	등기관 확인	각종 통지
	제 호			

본 신청서 상의 정보와 전자표준양식(e-Form)으로 저장된 정보는 동일함을 확인합니다. 작성완료일시 : 2021-11-25 12:39:29

본 신청서는 최초 작성 후 3개월까지만 등기소에 제출 가능합니다. 최초작성일시 : 2021-11-25 10:23:27

부동산의 표시

1. 1동의 건물의 표시

서울특별시 양천구 목동 506-13
휴먼하이빌
[도로명주소]서울특별시 양천구 목동중앙북로12길 17

전유부분의 건물의 표시

1. 건물의 번호 : [고유번호:2501-2013-001393]
구조 및 면적 : 철근콘크리트구조 42.08㎡

전유부분의 대지권의 표시
토지의 표시
1.서울특별시 양천구 목동 506-13
대 300.1㎡
대지권의 종류 : 소유권
대지권의 비율 : 300.1분의 26.01

이상

등기원인과 그 연월일	2021년 11월 29일 해지
등기의 목적	근저당권말소
말소할 사항	2016년05월04일 접수 제20418호(으)로 경료한 근저당권설정

구분	성 명	주민등록번호	주 소	지분(개인별)
의무자	강서농업협동조합	114936-	서울특별시 양천구 목동중앙북로12길 17(목동)	
권리자	구민수	750506-	서울특별시 영등포구 국제금융로7길 20(여의도동,대교아파트)	

[근저당권말소 5단계: 신청서 출력 1]

등록면허세 (취득세, 등록세)	금 6,000 원	지방교육세	금 1,200 원
		농어촌특별세	금 원
세 액 합 계		금 7,200 원	
등 기 신 청 수 수 료		금 2,000 원	
		납부번호 :	

등기의무자의 등기필정보		
부동산고유번호	2501-2013-001393	
성명(명칭)	일련번호	비밀번호
강서농업협동조합	8ZFX-KR27-FDXK	

첨 부 서 면	
등기필증 1통 등록면허세영수필확인서 1통 해지증서 1통	

년 월 일

위 신청인 구민수 (인) (전화 : 02-768-)

(또는)위 대리인

서울남부지방법원 등기국 귀중

- 신청서 작성요령 -

1. 부동산표시란에 2개 이상의 부동산을 기재하는 경우에는 부동산의 일련번호를 기재하여야 합니다.
2. 신청인란 등 해당란에 기재할 여백이 없을 경우에는 별지를 이용합니다.
3. 담당 등기관이 판단하여 위의 첨부서면 외에 추가적인 서면을 요구할 수 있습니다.

[근저당권말소 5단계: 신청서 출력 2]

5단계: 첨부서면 및 연계정보

해지증서, 위임장, 등록면허세, 등기수수료를 체크하고 확인 버튼을 클릭합니다. 등록필정보의 일련번호와 비밀번호를 입력하였기 때문에 등기필증을 첨부서류로 선택하지 않습니다.

메인 화면에서 임시저장을 한 후 작성 완료 및 확인 버튼을 누르면 몇 가지 간단한 확인절차가 진행됩니다.

- 위임장 출력

  위임장 출력 버튼을 누르면 팝업창이 뜹니다. 여러 분이 소유자로서 셀프등기로 기존에 설정된 근저당권말소 등기신청을 위해 등기소에 방문 예정입니다. 은행측은 위임장에 동의만 하고 등기소에 가지 않습니다.

  위임대상 정보 항목에서 은행 정보를 선택한 후 은행을 위임인(등기소에 가지 않음)으로 선택하여 입력하고, 대출을 상환한 본인 정보를 선택하여 대리인(등기소에 직접 방문함)으로 선택한 후 입력합니다.

  위임인 정보 항목에서 위임인과 대리인을 선택한 후 확인 버튼을 누릅니다. 화면이 전환되고 위임장을 출력하는 상태가 되면 위임장을 출력합니다.

<table>
<tr><th colspan="3">위 임 장</th></tr>
<tr><td>부
동
산
의
표
시</td><td colspan="2">1. 1동의 건물의 표시
서울특별시 양천구 목동 506-13
휴먼하이빌
[도로명주소]서울특별시 양천구 목동중앙북로12길 17
전유부분의 건물의 표시
1. 건물의 번호 : [고유번호:2501-2013-001393]
구조 및 면적 : 철근콘크리트구조 42.08㎡
전유부분의 대지권의 표시
토지의 표시
1.서울특별시 양천구 목동 506-13
대 300.1㎡
대지권의 종류 : 소유권
대지권의 비율 : 300.1분의 26.01
등기원인과 그 연월일 : 2013년 10월 31일 대지권
이상</td></tr>
<tr><td>등기원인과 그 연월일</td><td colspan="2">2021년 11월 29일 해지</td></tr>
<tr><td>등기의 목적</td><td colspan="2">근저당권말소</td></tr>
<tr><td>말소할 사항</td><td colspan="2">2016년05월04일 접수 제20418호(으)로 경료한 근저당권설정</td></tr>
<tr><td>대 리 인</td><td colspan="2">구민수
서울특별시 영등포구 국제금융로7길 20(여의도동,대교아파트)</td></tr>
<tr><td colspan="3">위 사람을 대리인으로 정하고 위 부동산 등기신청 및 취하에 관한 모든 권한을 위임한다. 또한 복대리인 선임을 허락한다.
년 월 일</td></tr>
<tr><td>위
임
인</td><td>강서농업협동조합
서울특별시 양천구 목동중앙북로12길 17(목동)</td><td>날 인</td></tr>
</table>

[근저당권말소 5단계: 위임장 출력]

구민수님 로그아웃 마이페이지 사이트맵 English 화면크기 검색
대한민국 법원 인터넷등기소
등기열람/발급 등기신청 전자납부 확정일자 서비스 소개 자료센터 통계 나의메뉴
등기신청
부동산(통합전자등기)
신청관리
작성관리
작성현황
동지 및 승인관리
신청수수료관리
제출관리
진행관리
완료후관리
지원관리
자주사용하는정보
법인
동산·채권담보
나의메뉴추가 HOME > 등기신청 > 부동산 > 작성관리 > 작성현황
작성현황
작성현황 국민주택채권 및 세금 첨부서면 및 연계정보 관리
• '신규작성' 버튼을 선택하면 신청서를 새로 작성할 수 있습니다.
• 아래 목록에서 작성 중인 신청서 현황을 조회할 수 있고, 신청서 1건을 선택할 경우 '신청서 작성' 화면으로 이동합니다.
• 제출구분 이름 • 관할등기소 전체
작성일자 작성번호 고유번호 2022-01-03 ~ 2022-06-19 1주일 1개월 3개월
검색
제출구분 작성일자 작성번호 등기유형 부동산표시 등기소 메모
이폼 2022-04-28 3 소유권이전 [전유]서울특별시 양천구 목동중앙북로12길 1 7, [목동 506-13 휴먼하이빌] 서울남부지방법원 등기국 -
이폼 2022-03-04 1 근저당권말소 [전유]서울특별시 양천구 목동중앙북로12길 1 7, [목동 506-13 휴먼하이빌] 서울남부지방법원 등기국 -
총 2건 1 페이지 1/1
신규작성 전자표준양식전환 삭제
작성방식
자료활용하기 기존에 작성 완료된 신청서를 재사용할 경우 '자료활용하기' 버튼을 클릭하여 주십시오.
② 등기유형/원인/부동산표시
감추기
* 등기신청유형
등기유형
등기유형 선택
전체유형 검색
자주쓰는 유형 등록
등기의 목적
* 부동산표시
첨부서면 및 연계정보
* 저장된 첨부서면이 없습니다.
부동산 입력
임시저장
③ 등기할 사항
보이기
1
2
3
4

• 해지증서 작성

'e-Form'에 입력한 정보는 최초 작성일로부터 3개월간 보관되며 언제든지 수정·입력이 가능합니다.

메인 홈페이지에서 '작성관리 → 제출관리' 탭을 클릭하면 작성 중인 내역이 나타납니다.

근저당권말소(예시: 작성번호 1)를 클릭하면 새로운 팝업창이 뜹니다.

새 팝업창에서 자료복사 버튼을 클릭하면 마우스를 이용하여 내용을 복사할 수 있는 화면이 생깁니다. 부동산 표시의 10줄 정도를 복사해서 해지증서의 부동산 표시 창에 붙여넣기로 입력하면 됩니다. 해지증서는 기존에 설정된 등기의 해지를 확인하는 내용의 서류이므로 기존 등기 정보와 이를 해지하겠다는 뜻이 포함되면 충분하고, 형식은 비교적 자유롭습니다. 그리고 작성한 근저당권말소 등기신청서에서 말소할 근저당권설정계약일, 접수일, 접수번호, 순위번호를 찾아 입력하고, 근저당권자와 소유자의 성명(명칭), 주소 등의 정보를 기재하면 해지증서 작성이 끝납니다.

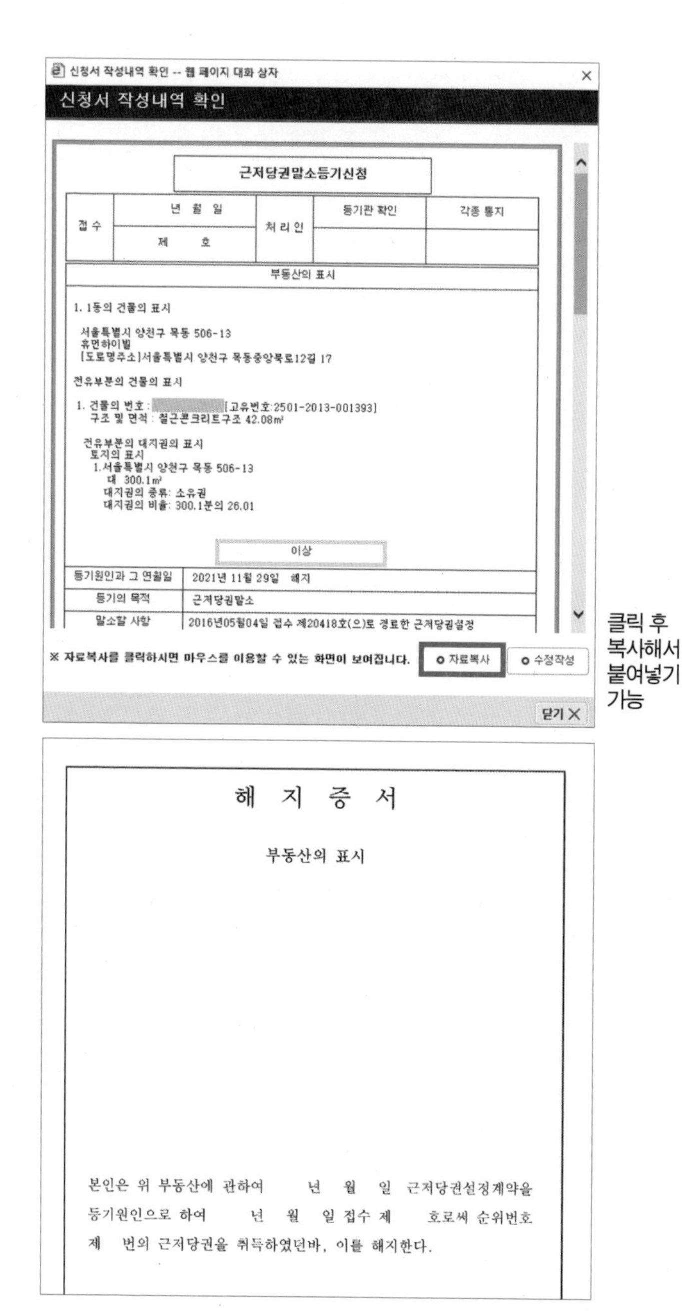

신청서 작성내역 확인 -- 웹 페이지 대화 상자

신청서 작성내역 확인

근저당권말소등기신청

접 수	년 월 일	처 리 인	등기관 확인	각종 통지
	제 호			

부동산의 표시

1. 1동의 건물의 표시

서울특별시 양천구 목동 506-13
휴먼하이빌
[도로명주소]서울특별시 양천구 목동중앙북로12길 17

전유부분의 건물의 표시

1. 건물의 번호 : [고유번호:2501-2013-001393]
구조 및 면적 : 철근콘크리트구조 42.08㎡

전유부분의 대지권의 표시
토지의 표시
1.서울특별시 양천구 목동 506-13
대 300.1㎡
대지권의 종류: 소유권
대지권의 비율: 300.1분의 26.01

이상

등기원인과 그 연월일	2021년 11월 29일 해지
등기의 목적	근저당권말소
말소할 사항	2016년05월04일 접수 제20418호(으)로 경료한 근저당권설정

※ 자료복사를 클릭하시면 마우스를 이용할 수 있는 화면이 보여집니다. 자료복사 수정작성

닫기

해 지 증 서

부동산의 표시

본인은 위 부동산에 관하여 년 월 일 근저당권설정계약을 등기원인으로 하여 년 월 일 접수 제 호로써 순위번호 제 번의 근저당권을 취득하였던바, 이를 해지한다.

[출력 시 자료 복사 기능]

6단계: 출력한 해지증서와 위임장 은행 송부

이메일, 팩스, 우편 등 은행측과 협의한 방법으로 보내면 됩니다. 은행은 해지증서와 위임장을 날인한 뒤, 은행이 보관 중이던 근저당권등기필정보(서류)와 함께 등기나 우편으로 송부해 줍니다.

7단계: 등기신청서 수정·작성 후 등기소 제출

은행으로부터 등기필정보(서류) 등을 받으면, 'e-Form'에 로그인하여 등기필정보(특히 일련번호와 비밀번호)를 입력하고, 등기신청수수료 납부번호 등을 수정·작성하여 출력합니다.

등기신청서와 첨부서류를 빠짐없이 챙겨 등기소를 방문하여 제출하면 근저당권말소 셀프등기가 완료됩니다.

전세권

전세권설정등기신청서 작성

로그인

대법원 인터넷등기소 로그인 후 '통합전자등기'를 클릭하고 하단 신규작성 버튼을 클릭합니다.

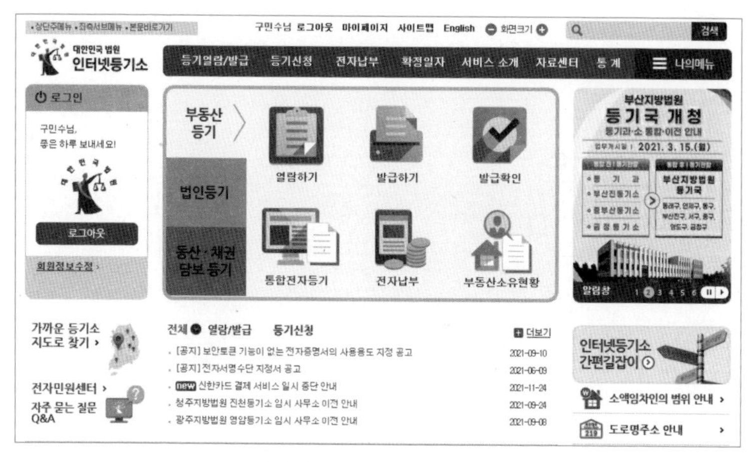

[전세권 홈페이지 로그인]

작성은 총 5단계로 진행되며 순서대로 진행해 보겠습니다.

① 제출방식 및 이용동의

② 등기유형/원인/부동산 표시

③ 등기할 사항

④ 수수료 등 입력

⑤ 첨부서면 및 연계정보

1단계: 제출방식 및 이용동의

제출방식은 'e-Form'으로 고정되고, 이용동의 2가지 항목에 동의합니다.

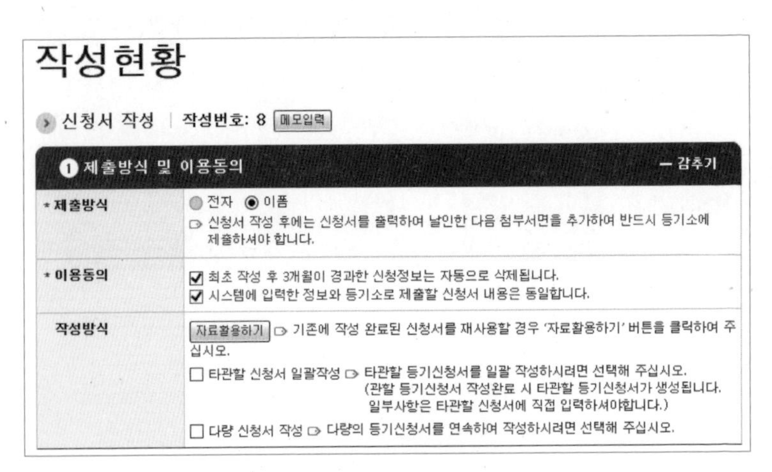

[전세권 1단계: 화면]

2단계: 등기유형/원인/부동산 표시

• 등기신청 유형

메인 화면에서 전체유형 검색 버튼을 클릭하면 팝업 창이 새로 뜹니다.

기본 등기유형에서 전세권설정을 선택하면, 확인 화면이 뜨고 동의하면 등기유형과 등기의 목적 항목이 입력됩니다.

• 부동산 표시

부동산 입력 버튼을 클릭하면 새로운 팝업창이 뜹니다. 구분 항목에서 부동산고유번호를 선택한 후 등기부등본 마지막장 우측 하단에서 관할등기소 정보를 찾아 입력하고, 1페이지 우측 상단에서 고유번호 정보를 찾아 부동산고유번호 항목에 입력한 후 입력 버튼을 누릅니다.

화면 중간에 부동산고유번호와 주소 등의 정보가 나타나면 선택하고 확인 버튼을 누릅니다.

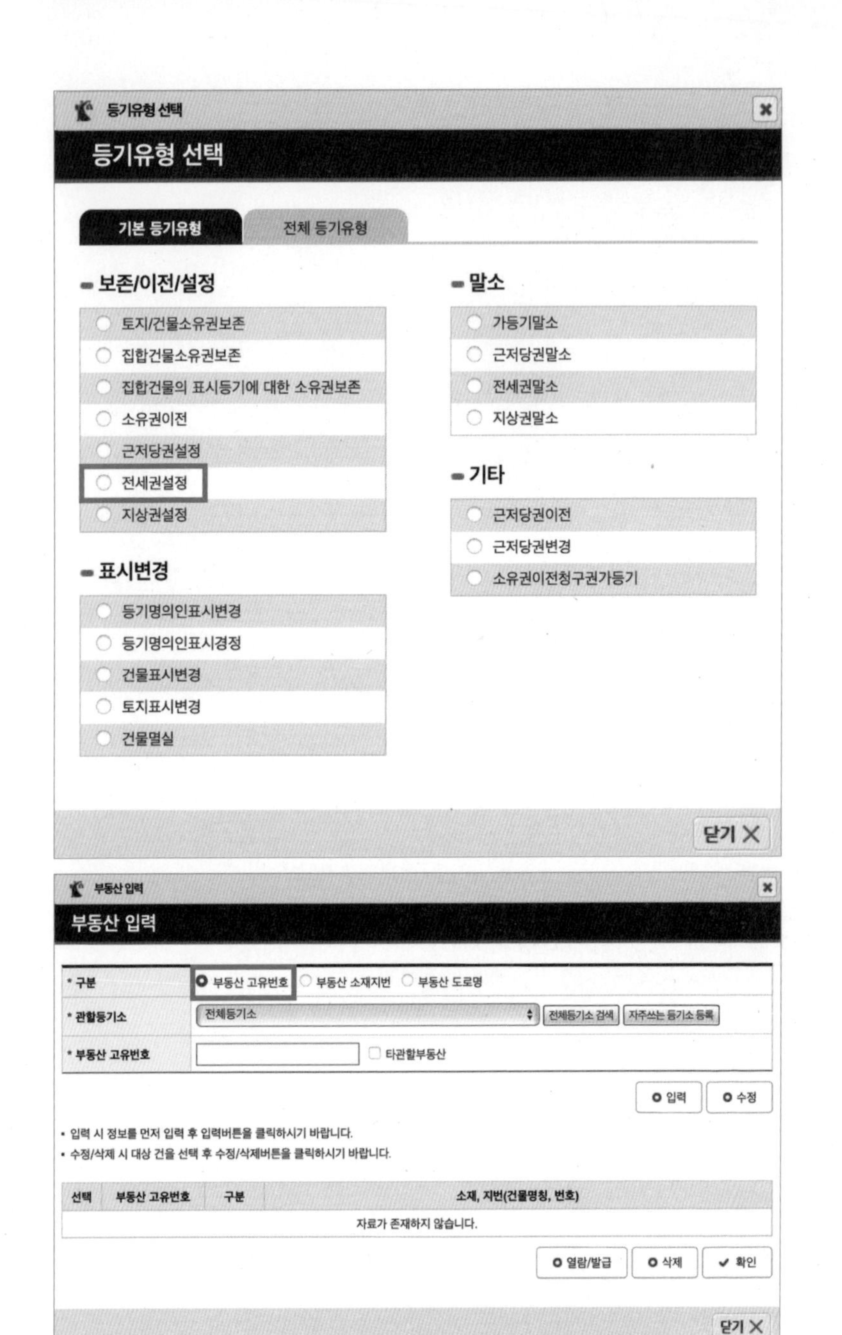

[전세권 2단계: 부동산 입력 화면]

• 등기원인 및 연월일

전세권설정 계약 및 날짜를 기록합니다. 전세권설정 계약서를 참조하여 빨간 달력에서 날짜를 찾아 입력합니다.

2단계 입력이 완료되었습니다. 2단계 아래 임시저장 버튼을 누르고 3단계로 넘어갑니다.

3단계 : 등기할 사항

• 권리사항

전세계약의 전세보증금, 전세권의 목적인 범위, 존속기간을 입력합니다.

전세권계약서를 보고 차례로 입력하되, 전세권의 목적인 범위는 숫자(제곱미터)를 기재합니다.

존속기간은 전세권계약의 기간(예시: 2년)을 입력하면 됩니다.

❸ 등기할 사항 — 감추기

* 권리사항	* 전세금	금 500,000,000 원 □ 문자형 오억
	전세권의 목적인 범위	90 ㎡입력하기(F2)
	존속기간	2년 ×
* 등기의무자 첨부서면 및 연계정보 • 저장된 첨부서면이 없습니다.	등기의무자	등기의무자 입력
	성명(명칭) / 주소 / 대표자/기관	
	자료가 존재하지 않습니다.	
	등기의무자의 등기필정보	등기의무자의 등기필정보 입력
* 등기권리자 첨부서면 및 연계정보 • 저장된 첨부서면이 없습니다.	등기권리자	등기권리자 입력
	성명(명칭) / 주소 / 취급지점 / 지분	
	자료가 존재하지 않습니다.	
	등기권리자의 등기필정보	등기필정보 또는 등기완료통지서 수령자 확인
신청인/대리인 (작성자)	제출자 입력 ※ 신청인 본인이 아닌 제3자가 등기소에 신청서를 제출하려는 경우 상단의 '제출자 입력'란을 선택하여 제출자 정보를 입력하여 주시기 바랍니다. 신청인 구민수 전화번호:02-768-	
기타사항 첨부서면 및 연계정보 • 저장된 첨부서면이 없습니다.	약정/금지사항 입력 / 신탁사항 입력 / 특약 입력 / 처분금지가처분에 기한설정 입력	

임시저장

[전세권 3단계: 화면]

• 등기의무자

등기의무자 입력 버튼을 누르면 팝업창이 새로 뜹니다. 등록번호 구분은 내국인, 성명과 주민등록번호, 주소는 전세권설정계약서에서 소유주의 정보를 찾아 기재하고, 입력 버튼을 누릅니다.

화면 중간에 임시저장이 되면 선택하고 확인 버튼을 누릅니다.

❸ 등기할 사항

— 감추기

* 권리사항	* 전세금	금 [ ] 원 ☐ 문자형
	전세권의 목적인 범위	[ ] ㎡입력하기(F2)
	존속기간	[ ]
* 등기의무자 첨부서면 및 연계정보 * 저장된 첨부서면이 없습니다.	등기의무자	등기의무자 입력
	대위자	
	등기의무자의 등기필정보	등기의무자의 등기필정보 입력
* 등기권리자 첨부서면 및 연계정보 * 저장된 첨부서면이 없습니다.	등기권리자	등기권리자 입력
	대위자	
	등기권리자의 등기필정보	등기필정보 또는 등기완료통지서 수령자 확인
신청인/대리인 (작성자)	제출자 입력 ※ 신청인 본인이 아닌 제3자가 등기소에 신청서를 제출하려는 경우 상단의 '제출자 입력'란을 선택하여 제출자 정보를 입력하여 주시기 바랍니다. 신청인 구민수 전화번호:02-768- 주소: 서울특별시 영등포구 국제금융로7길 20 (여의도동),	
기타사항 첨부서면 및 연계정보 * 저장된 첨부서면이 없습니다.	약정/금지사항 입력 · 신탁사항 입력 · 특약 입력 · 처분금지가처분에 기한설정 입력	
	약정/금지사항	
	신탁사항	

1 2 3 4

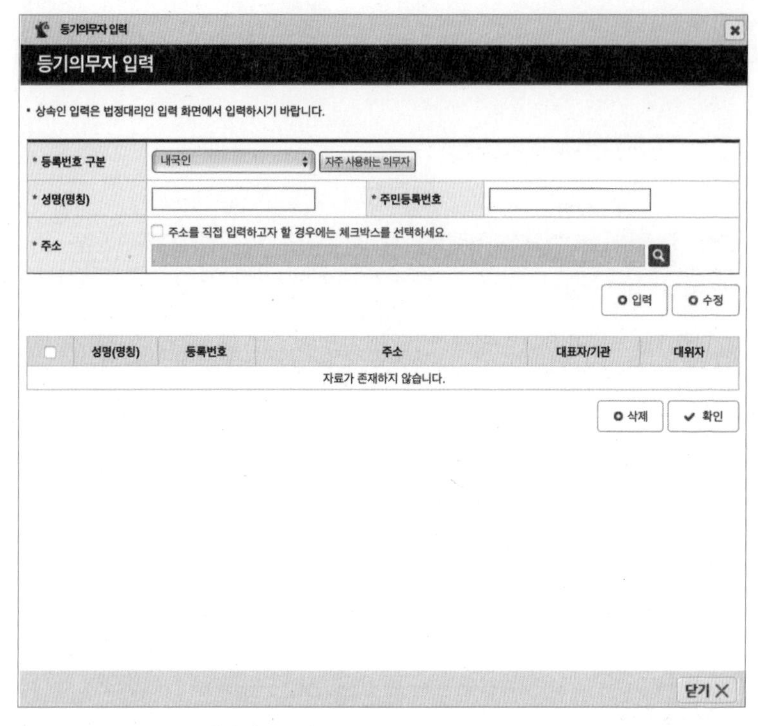

[전세권 3단계 : 등기의무자 입력 화면]

등기의무자의 등기필정보 입력 버튼을 클릭하면 팝업창이 새로 뜹니다.

검증대상 등기의무자 정보가 뜨면 선택하여 확인을 누르고, 소유주로부터 받은 등기필증(등기권리증)을 보고 접수번호, 접수일자, 일련번호, 비밀번호 정보를 찾아 화면에서 등기필정보 접수번호, 등기필정보

접수일자, 등기필정보 일련번호, 비밀번호(검증 버튼)를 기재합니다. 확인 버튼을 누르면 등기필정보 입력이 마무리됩니다.

소유주들은 전세권자가 전세권설정등기를 하겠다고 하면, 전세 계약 자체를 거부하기도 합니다. 우선은

❸ 등기할 사항 — 감추기

* 권리사항	* 전세금	금 [ ] 원 □문자형
	전세권의 목적인 범위	[ ] ㎡입력하기(F2)
	존속기간	[ ]
* 등기의무자 첨부서면 및 연계정보 * 저장된 첨부서면이 없습니다.	등기의무자 [등기의무자 입력] 등기의무자의 등기필정보 [등기의무자의 등기필정보 입력] 구민수	
* 등기권리자 첨부서면 및 연계정보 * 저장된 첨부서면이 없습니다.	등기권리자 [등기권리자 입력] 등기권리자의 등기필정보 [등기필정보 또는 등기완료통지서 수령자 확인]	
신청인/대리인 (작성자)	[제출자 입력] ※ 신청인 본인이 아닌 제3자가 등기소에 신청서를 제출하려는 경우 상단의 '제출자 입력'란을 선택하여 제출자 정보를 입력하여 주시기 바랍니다. 신청인 구민수 전화번호:02-768- 주소: 서울특별시 영등포구 국제금융로7길 20 (여의도동),	
기타사항 첨부서면 및 연계정보 * 저장된 첨부서면이 없습니다.	[약정/금지사항 입력] [신탁사항 입력] [특약 입력] [처분금지가처분에 기한설정 입력] 약정/금지사항 신탁사항 특약	

임시저장

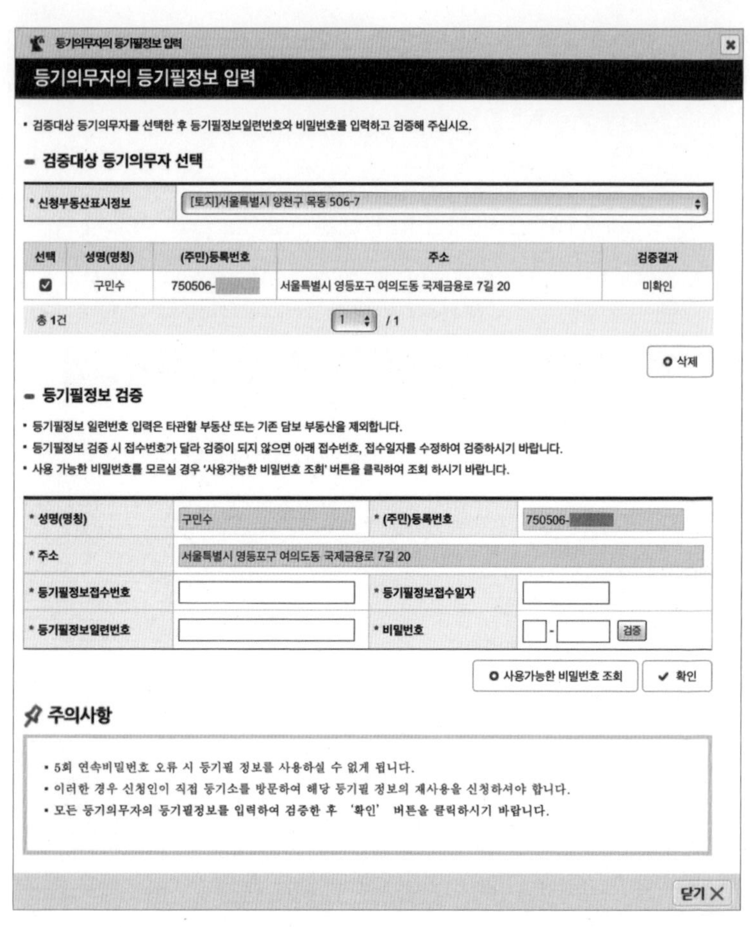
등기의무자의 등기필정보 입력

등기의무자의 등기필정보 입력

• 검증대상 등기의무자를 선택한 후 등기필정보일련번호와 비밀번호를 입력하고 검증해 주십시오.

- 검증대상 등기의무자 선택

* 신청부동산표시정보	[토지]서울특별시 양천구 목동 506-7

선택	성명(명칭)	(주민)등록번호	주소	검증결과
☑	구민수	750506-	서울특별시 영등포구 여의도동 국제금융로 7길 20	미확인

총 1건 1 / 1

삭제

- 등기필정보 검증

• 등기필정보 일련번호 입력은 타관할 부동산 또는 기존 담보 부동산을 제외합니다.
• 등기필정보 검증 시 접수번호가 달라 검증이 되지 않으면 아래 접수번호, 접수일자를 수정하여 검증하시기 바랍니다.
• 사용 가능한 비밀번호를 모르실 경우 '사용가능한 비밀번호 조회' 버튼을 클릭하여 조회 하시기 바랍니다.

* 성명(명칭)	구민수	* (주민)등록번호	750506-
* 주소	서울특별시 영등포구 여의도동 국제금융로 7길 20		
* 등기필정보접수번호		* 등기필정보접수일자	
* 등기필정보일련번호		* 비밀번호	- 검증

사용가능한 비밀번호 조회 ✔ 확인

주의사항

• 5회 연속비밀번호 오류 시 등기필 정보를 사용하실 수 없게 됩니다.
• 이러한 경우 신청인이 직접 등기소를 방문하여 해당 등기필 정보의 재사용을 신청하셔야 합니다.
• 모든 등기의무자의 등기필정보를 입력하여 검증한 후 '확인' 버튼을 클릭하시기 바랍니다.

닫기 X

[전세권 3단계: 등기필정보 입력 화면]

전세권설정 계약을 위해 소유권이전등기를 마치고 받은 등기필증(등기권리증)을 전세권자에게 잠시 빌려줘야 하는데, 등기필증 자체를 집문서라고 생각하는 분들이 많습니다. 집문서까지는 아니더라도 등기필증을 건내는 것을 꺼려하기도 합니다.

• 등기권리자

등기권리자 입력 버튼을 누르면 팝업창이 새로 뜹니다. 등록번호 구분 항목에서 내국인을 선택하고 전세권자의 성명, 주민등록번호, 주소를 입력한 후 입력 버튼을 누르면 화면 중간에 임시저장이 됩니다. 선택 후 저장 버튼을 누르면 입력이 마무리됩니다.

[전세권 3단계: 등기권리자 입력 화면]

• 등기필정보 또는 등기완료통지서 수령자 확인 정보

전세권등기를 마무리하면 등기된 전세권자를 위하여 등기필정보(서류)가 신규로 발행됩니다. 전 단계에서는 등기권리자의 성명과 주소를 확인하기 위한 입력창이 뜨지만 등기권리자 정보를 입력하였다면 해당 정보가 자동 세팅되므로 선택하고 확인 버튼을 누르면 됩니다.

등기필정보 또는 등기완료통지서 수령자 확인

* 등록번호 구분	내국인		
* 성명(명칭)		* (주민)등록번호	
* 주소			

삭제시 대상 건을 한건씩 선택 후 버튼을 클릭하시기 바랍니다.
등기권리자를 추가/수정 하셨으면 등기필정보 발행대상을 삭제하고 창을 다시 열어 발행대상을 확인하시기 바랍니다.

☐	성명(명칭)	(주민)등록번호	주소	발행 여부
자료가 존재하지 않습니다.				

삭제 ✔ 확인

[전세권 3단계: 등기필정보 또는 등기완료통지서 수령자 확인 정보 입력 화면]

• 신청인/대리인(작성자)

제출자 입력 버튼을 클릭하면 홈페이지 로그인 정보가 자동으로 세팅됩니다. 제출자 유형에서 공동제출인을 선택하고, 중간 부분의 신청인을 선택한 후 확인을 누르면 입력이 완료됩니다.

제출자 입력

* 제출자유형	◉ 공동제출인 ○ 대리인(신청인이 아닌 신청서 제출자)
* 제출자 구분	내국인
* 성명(명칭)	구민수
* 주소	도로명주소 예시) 서울특별시 노원구 수락산로 174, OO호(상계동, 상계주공아파트)
이메일	mars @ 직접입력 nhwm.com
전화번호	02-768- 예) 02-1234-1234

입력 시 정보를 먼저 입력 후 '입력' 버튼을 클릭하시기 바랍니다.
수정 시 대상 건을 선택 후 '수정' 버튼을 클릭하시기 바랍니다.

입력 수정

☐	구분	성명(명칭)	주소	이메일	전화번호
☑	신청인	구민수		mars@nhwm.com	02-768-

삭제 시 대상 건을 선택 후 '삭제' 버튼을 클릭하시기 바랍니다.
입력사항을 최종 반영하기 위하여 반드시 '확인' 버튼을 클릭하세요.

삭제 ✔ 확인

닫기 ×

[전세권 3단계: 제출자 입력 화면]

3단계 절차가 마무리되었습니다. 메인 화면 아래 임시저장을 누르고 다음 단계로 넘어갑니다.

4단계: 수수료 등 입력

메인 화면에서 바로 등록면허세와 등기수수료 입금액을 입력하고 임시저장합니다.

- 등록면허세 정보 확인

  등기수수료는 전자납부시스템으로 납부하면 13,000원, 은행창구 등을 이용하면 15,000원입니다.

④ 수수료등 입력 — 감추기

등록면허세 (취득세)

☐ 등록면허세(취득세)면제 ▷ 선택 시 등록면허세/취득세 및 지방교육세 정보가 삭제됩니다.
☐ 타관수령 ▷ 선택 시 타관수령정보를 입력할 수 있습니다.

첨부서면 및 연계정보

• 등록면허세영수필확인서

등록면허세 (취득세)	지방교육세	농어촌 특별세
0 원	0 원	0 원

등기수수료

▷ ※ 예상수수료는 참조용으로 제시하는 금액입니다. 정확한 등기수수료에 대한 문의는 관할등기소를 통해 확인하시기 바랍니다.
☐ 등기수수료 면제 ▷ 선택 시 등기수수료 정보가 삭제됩니다.
☐ 등기수수료 일괄납부(은행납부인 경우)

13,000 원 예상수수료(참조용) 13,000 원 ▶ 등기수수료액표 바로가기

납부금액 0원 납부정보 입력 ▶ 전자납부시스템 바로가기

▷ 영수필확인서도 반드시 신청서 제출 시 함께 제출하시기 바랍니다.

임시저장

[전세권 4단계: 수수료 등 입력 화면]

5단계: 첨부서면 및 연계정보

기본 안내로 제공된 서류를 선택합니다.

설정계약서, 위임장, 의무자등기필증, 권리자주민등록정보, 등록세(등록세영수필확인서), 등기수수료 확인서를 선택합니다.

첨부서면 선택이 끝나면 임시저장을 누르고, 작성 완료 및 확인 버튼을 누릅니다.

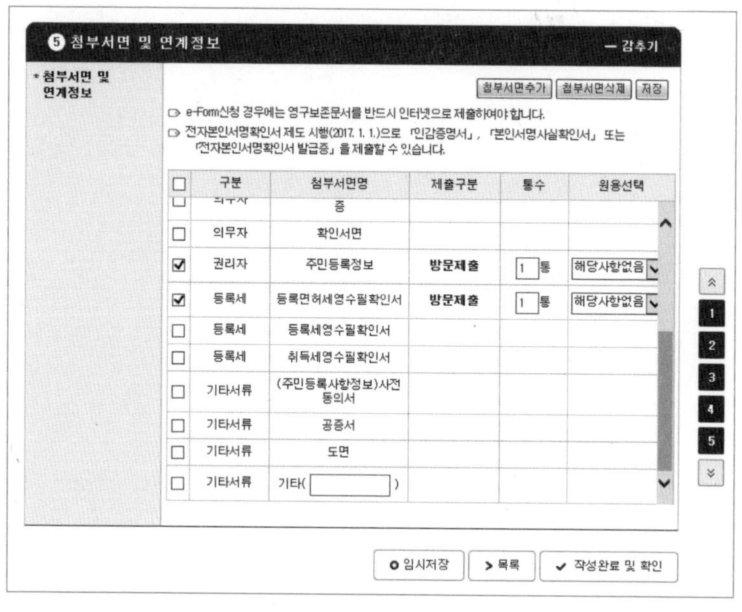
⑤ 첨부서면 및 연계정보 — 감추기

* 첨부서면 및 연계정보

첨부서면추가 | 첨부서면삭제 | 저장

e-Form신청 경우에는 영구보존문서를 반드시 인터넷으로 제출하여야 합니다.

전자본인서명확인서 제도 시행(2017. 1. 1.)으로 「인감증명서」, 「본인서명사실확인서」 또는 「전자본인서명확인서 발급증」을 제출할 수 있습니다.

☐	구분	첨부서면명	제출구분	통수	원용선택
☐	의무자	증			
☐	의무자	확인서면			
☑	권리자	주민등록정보	방문제출	1 통	해당사항없음
☑	등록세	등록면허세영수필확인서	방문제출	1 통	해당사항없음
☐	등록세	등록세영수필확인서			
☐	등록세	취득세영수필확인서			
☐	기타서류	(주민등록사항정보)사전동의서			
☐	기타서류	공증서			
☐	기타서류	도면			
☐	기타서류	기타( )			

임시저장 | 목록 | 작성완료 및 확인

[전세권 5단계: 첨부서면 및 연계정보 화면]

• 위임장 작성 및 출력

위임인과 대리인 정보를 입력합니다. 입력한 부동산 표시 정보를 불러와 위임장을 완성합니다.

• 신청서 제출 및 출력

전세권설정등기신청서 앞면이 나타나며, 파일로 저장하거나 출력할 수 있습니다.

• 전세권변경등기

전세권변경 서류입니다. (감액 및 존속기간 연장)

필요서류 : 소유자 000 개인인감증명서 1통
주민등록초본 1통 (주소변경내역포함)
등기권리증

엠에이치투자증권 전세권설정계약서 원본
법인등기부등본 1통

전 세 권 변 경 계 약 서

전 세 권 자

전세권설정자 000

위 당사자 간 별지목록 부동산에 대하여 2007년 0월 00일 전세권설정 계약을 체결하고 2007년 2월 00일 서울북부지방법원 등기국 접수 제0000호로서 전세권설정 등기를 필하였는바 당사자는 아래와 같이 변경 계약을 체결한다.

아 래

제1조 전세금1,200,000,000원을 전세금900,000,000원으로 감액한다.

제2조 전세권의 존속기간 및 반환기를 2010년 1월 22일까지로 있는 것을 2026년 9월 00일까지로 한다.

제3조 다른 사항은 당초 계약한 전세권설정계약서와 각 조항을 적용 준수 한다.

이를 확실히 하기 위하여 이 계약서를 작성하고 당사자는 아래에 서명 날인하다.

2021년 10월 일

전세권설정자 000 (인감)

700321-

전세권자

서울특별시 영등포구 여의대로 108(여의도동)

대표이사 0 0 0 (법인)

부동산의 표시

1동의건물의표시 서울특별시 노원구 00동 000-0
00빌딩
[도로명주소] 서울특별시 노원구 000 4000
전유부분의건물의표시
건물의번호 : 3 -000
구 조 : 일반철골구조
면 적 : 3층 301호 000.00㎡

위 임 장

부동산의 표시	1동의건물의표시 서울특별시 노원구 00동 00-1 00빌딩 [도로명주소] 서울특별시 노원구 00로 000 전유부분의건물의표시 건물의번호 : 3 -XXX 구 조 : 일반철골구조 면 적 : 3층 301호 000.12㎡
등기원인과년월일	2021년 10월 일 변경계약
등 기 의 목 적	전세권 변경
변 경 할 등 기	2007년 0월 00일 접수 제00000호로서 등기한 전세권설정 등기 사항 중 전세금0,000,000,000원을 전세금000,000,000원으로 전세권의 존속기간 및 반환기 2010년 1월 22일까지로 있는 것을 2026년 9월 30일까지로 각 변경

전세권설정자 0 0 0 (인감) 전세권자 서울특별시 영등포구 여의대로 108(여의도동) 대표이사 0 0 0 (법인)	법무사 000 서울시 000 (02-775-8000 위사람을 대리인으로 정하고 위 부동산에 대한 등기신청 및 취하에 관한 모든 행위를 위임한다. 또한 복대리인 선임권을 허락한다. 2021년 10월 일

전세권말소등기신청

전세계약이 계약기간 만료 등으로 종료된 경우 설정한 전세권말소등기를 합니다. 등기소 입장에서는 전세계약 종료가 기간 만료, 해지 등 민간영역에서 발생한 사유에 대해 구체적으로 판단하거나 관여하지 않으며, 작성 및 제출된 신청서와 첨부서류가 전세권말소등기신청을 진행하는데 충분한지 여부만 판단합니다.

전세권자로 전세권설정등기를 했다면 전세권말소등기신청에서는 등기의무자가 됩니다. 소유주는 전세권설정등기에서는 등기의무자였지만 전세권말소등기신청에서는 등기권리자가 됩니다.

전세권자와 소유주 사이에 전세권설정등기와 말소등기를 누구의 책임과 비용으로 진행할지는 협의하기에 따라 달라질 수 있지만 실제 거래에서는 전세권자(또는 세입자, 임차인)가 모두 부담하는 게 조금 더 자연스럽습니다.

전세권말소등기신청도 소유주(전세권 설정자)와 임차인(전세권자)의 공동 신청을 원칙으로 합니다. 즉, 두 당사자 간 등기신청의 권한을 상대방에게 위임하는 것을 허용하고 있습니다. 'e-Form'을 통한 전세권말소등기신청서 작성도 소유자, 전세권자 모두 작성이 가능합니다.

등기신청서 중 제출인 정보 입력과 위임장 작성 시 등기소를 방문하는 사람을 대리인(등기소를 방문하지 않는 상대방은 위임인)으로 정하면 됩니다.

작성할 서류는 해지증서, 전세권말소등기신청서, 위임장입니다.

해지증서는 전세권 계약이 종료되었음을 확인하는 서류로 전세권자가 날인하며(수신은 소유주) 작성자가 누구든 상관 없습니다.

전세권말소등기신청서와 위임장은 'e-Form'을 통해 먼저 작성합니다. 부동산 등기부 데이터베이스 정보를 활용할 수 있어 편리하고, 등기신청서 작성 정보를 이용해 위임장을 쉽게 작성할 수 있습니다.

등기신청서 작성이 끝나면, 해지증서 양식에 등기신청서의 부동산 정보를 복사하여 붙여 넣어 부동산 정보를 입력하고, 말소될 전세권을 찾아 당사자의 성명, 주소를 입력하여 구체적인 해지증서를 작성하면 됩니다.

'e-Form'을 통해 등기신청서 작성을 먼저 시작하겠습니다.

대법원 인터넷등기소에 로그인하여 등기신청서 신규

작성을 시작합니다.

1단계: 제출방식 및 이용 동의

2단계: 등기유형/원인/부동산 표시

- 등기신청 유형, 전세권말소 선택(전체유형검색 버튼 클릭 후 '전세권말소' → 등기의목적 전세권말소 자동 선택)
- 부동산 표시: 부동산 입력 버튼을 클릭하면 팝업창이 새로 뜹니다.

  새창 구분에서 부동산 고유번호 선택 → 관할등기소 검색 후 전세권이 설정된 관할등기소 입력 → 부동산 고유번호 기재 후 입력 버튼(등기부등본 우측 상단 고유번호, 마지막 페이지 우측 하단 관할등기소 정보 참조)
- 중간에 부동산 고유번호가 뜨면 선택 후 확인 버튼을 눌러 창을 닫습니다.
- 등기원인과 연월일: 빨간 달력에서 해지일을 입력합니다.

임시저장 후 다음 단계로 이동하면 됩니다.

[부동산 입력 화면]

3단계: 등기할 사항

- 말소할 등기: 말소해야 할 등기 입력 버튼 클릭 → 새 팝업창에서 순위번호 입력(예시: 등기부등본 을구 3번) → 입력 버튼 클릭 → 중간에 임시저장 정보 선택 → 확인 버튼

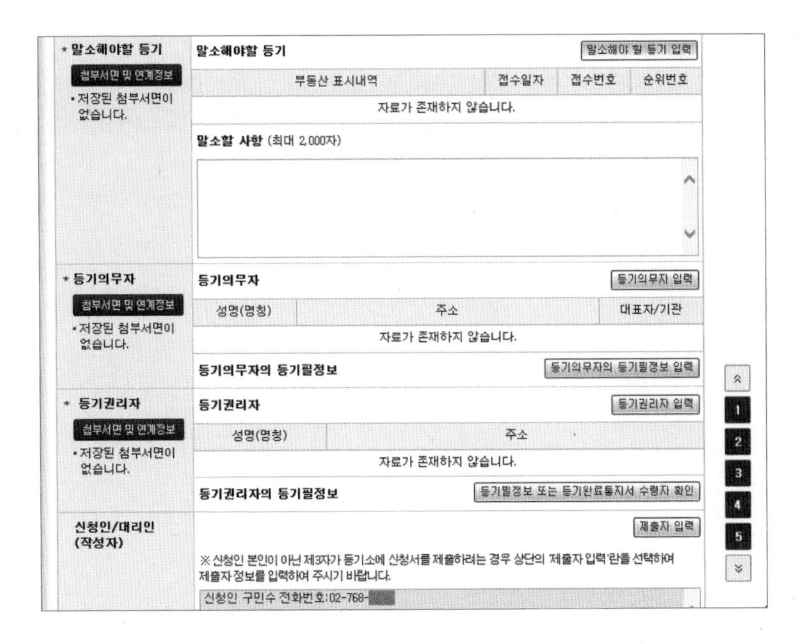

부동산 등기부 등본에서 말소해야 할 전세권을 정보 중 순위번호 '3'을 찾는 게 핵심입니다. 순위번호만 찾아 기재하고 입력 버튼을 누르면 접수번호, 접수일자 정보를 따로 기재하지 않아도 됩니다.

• 등기의무자: 등기의무자 입력 버튼 클릭 → 새 팝업창에서 전세권자 정보를 입력
(등록번호 구분에서 '법인'을 선택하여, 성명(명칭), 법인등록번호 및 주소를 기재한 후 입력 버튼 → 중간

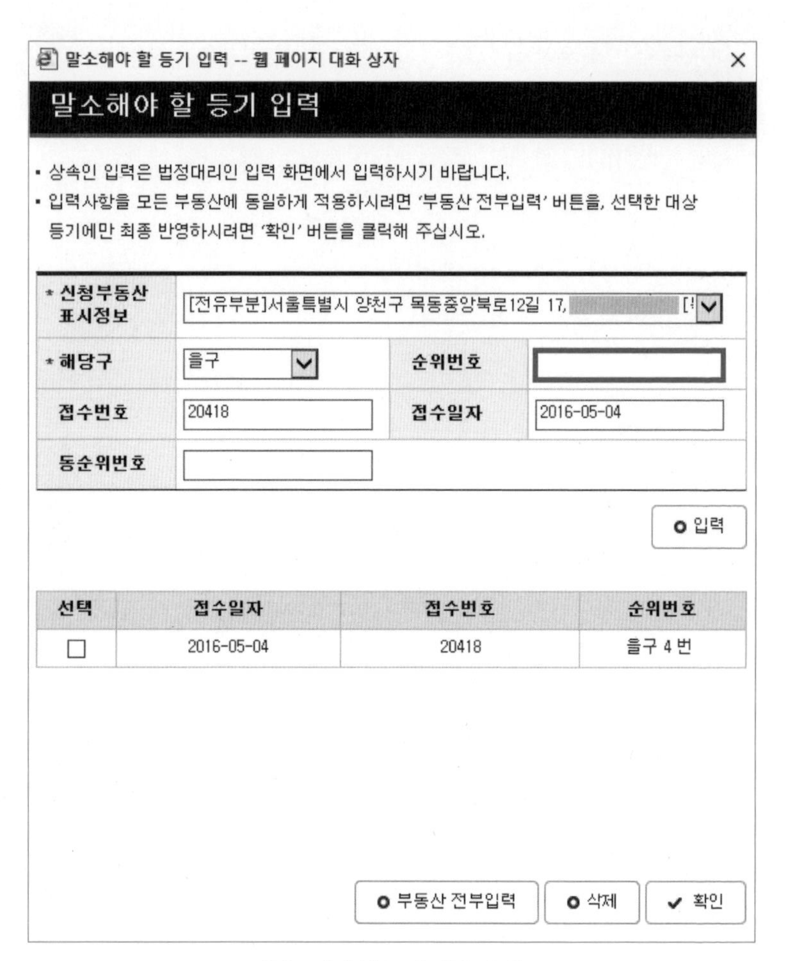
말소해야 할 등기 입력 -- 웹 페이지 대화 상자

말소해야 할 등기 입력

- 상속인 입력은 법정대리인 입력 화면에서 입력하시기 바랍니다.
- 입력사항을 모든 부동산에 동일하게 적용하시려면 '부동산 전부입력' 버튼을, 선택한 대상 등기에만 최종 반영하시려면 '확인' 버튼을 클릭해 주십시오.

* 신청부동산 표시정보	[전유부분]서울특별시 양천구 목동중앙북로12길 17,		
* 해당구	을구	순위번호	
접수번호	20418	접수일자	2016-05-04
동순위번호			

입력

선택	접수일자	접수번호	순위번호
□	2016-05-04	20418	을구 4 번

부동산 전부입력 | 삭제 | 확인

[말소해야 할 등기 입력 화면]

에 임시 정보를 선택한 후 확인 버튼)

*전세권자가 법인인 사례입니다.

- 등기의무자의 등기필정보 입력창: 전세권자가 보관 중인 등기필정보(서류)의 보안스티커를 제거 후 알 수 있는 일련번호와 비밀번호 등을 입력하는 화면입니다. 등기신청서 작성일 현재 등기필정보를 알 수 없다면 추후에 수정·입력 또는 보완합니다.
- 등기권리자: 등기권리자 입력 버튼 → 새 팝업창에서 소유자 정보를 입력합니다.

  (등록번호 구분에서 '내국인'을 선택하여 성명(명칭), 주민등록번호 및 주소 기재 후 입력 버튼 → 중간에 임시 정보 선택 후 확인 버튼)
- 등기필정보 또는 등기완료통지서 수령자 확인:
  버튼을 클릭하여 새 팝업창에서 등기권리자(소유주)의 임시 정보가 뜨면 선택하고 확인
- 제출자 입력, 로그인한 인적 정보가 기본 정보로 세팅됩니다.

임시 저장 후 4단계로 이동합니다.

4단계: 수수료 등 입력

전세권말소신청의 등록면허세는 부동산 1개당 6,000원,

지방교육세 1,200원을 납부해야 합니다. 먼저 금액을 기재합니다. 위택스를 통해 납부 가능하며, 영수증은 출력하여 등기소에 제출하면 됩니다.

등기신청수수료는 부동산 1개당 3,000원을 납부하여야 합니다. 인터넷 납부는 2,000원입니다.

인터넷뱅킹으로도 납부 가능합니다. 납부 후 등기신청수수료 납부번호를 신청서에 보완 또는 수정 작성하여 입력하고, 영수증은 출력하여 등기소에 제출합니다.

5단계: 첨부서면 및 연계정보

- 등기원인 해지증서
- 위임장
- 등록면허세 영수필확인서
- 기타(등기신청수수료)

등기필증을 선택하지 않습니다. 등기필증과 등기필정보는 구분되는 서류이며, 등기필서류에서 보안스티커 제거 후 일련번호, 비밀번호를 입력하였다면 등기필정보를 제출하지 않습니다.

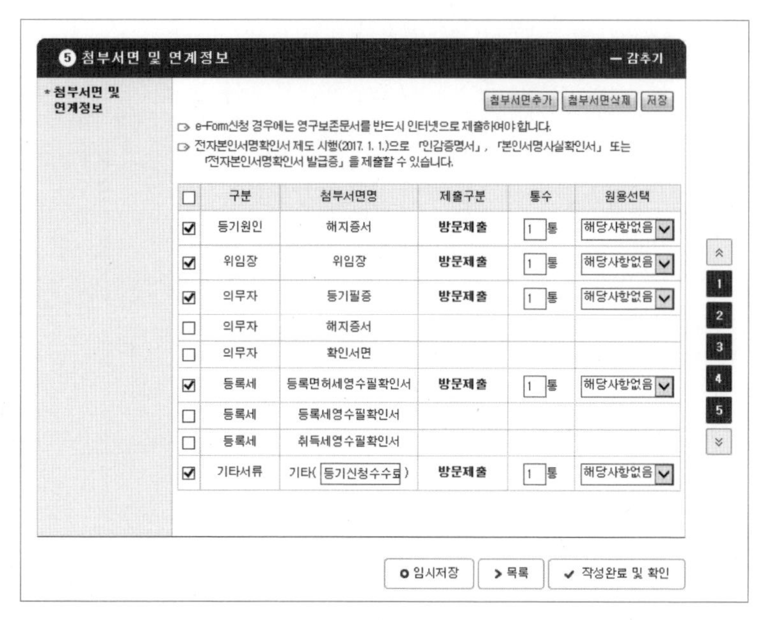
⑤ 첨부서면 및 연계정보 — 감추기

* 첨부서면 및 연계정보

첨부서면추가 | 첨부서면삭제 | 저장

e-Form신청 경우에는 영구보존문서를 반드시 인터넷으로 제출하여야 합니다.

전자본인서명확인서 제도 시행(2017. 1. 1.)으로 「인감증명서」, 「본인서명사실확인서」 또는 「전자본인서명확인서 발급증」을 제출할 수 있습니다.

☐	구분	첨부서면명	제출구분	통수	원용선택
☑	등기원인	해지증서	방문제출	1 통	해당사항없음
☑	위임장	위임장	방문제출	1 통	해당사항없음
☑	의무자	등기필증	방문제출	1 통	해당사항없음
☐	의무자	해지증서			
☐	의무자	확인서면			
☑	등록세	등록면허세영수필확인서	방문제출	1 통	해당사항없음
☐	등록세	등록세영수필확인서			
☐	등록세	취득세영수필확인서			
☑	기타서류	기타(등기신청수수료)	방문제출	1 통	해당사항없음

임시저장 | 목록 | 작성완료 및 확인

[첨부서류 화면]

전세권말소등기신청서 작성이 완료되었습니다.

작성 완료 및 확인 버튼을 누르면 수정 작성, 신청서 출력, 위임장 출력, 확인을 선택할 수 있습니다.

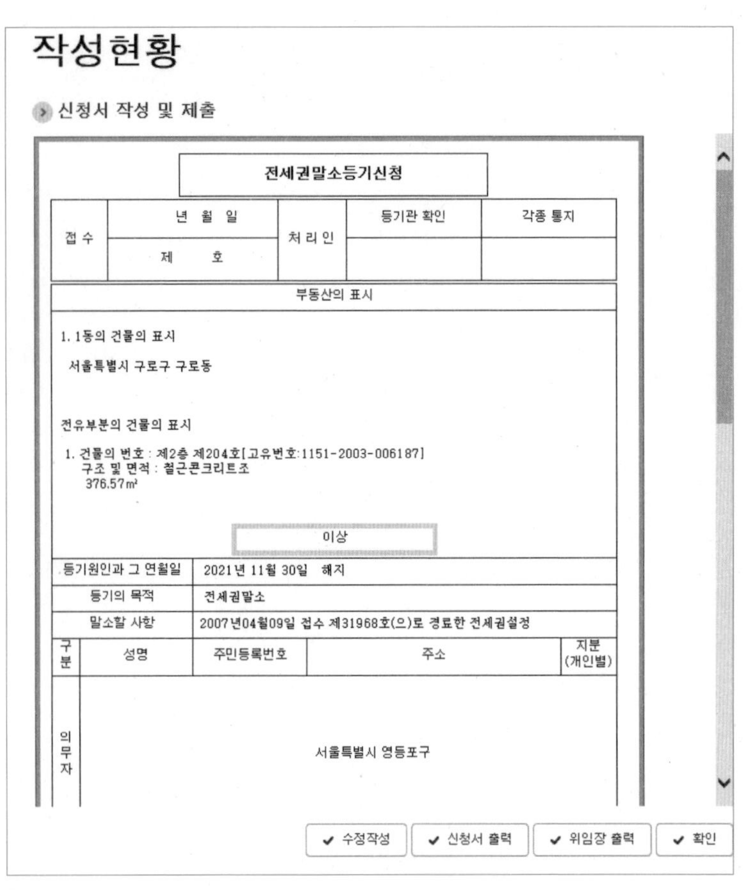
작성현황

신청서 작성 및 제출

전세권말소등기신청

접 수	년 월 일	처 리 인	등기관 확인	각종 통지
	제 호			

부동산의 표시
1. 1동의 건물의 표시 서울특별시 구로구 구로동 전유부분의 건물의 표시 1. 건물의 번호 : 제2층 제204호[고유번호:1151-2003-006187] 구조 및 면적 : 철근콘크리트조 376.57㎡ 이상

등기원인과 그 연월일	2021년 11월 30일 해지
등기의 목적	전세권말소
말소할 사항	2007년04월09일 접수 제31968호(으)로 경료한 전세권설정

구분	성명	주민등록번호	주소	지분 (개인별)
의무자			서울특별시 영등포구	

수정작성 | 신청서 출력 | 위임장 출력 | 확인

[전세권말소신청서 완성 화면]

위임장 출력 버튼을 누르면 새 팝업창이 뜹니다.

이번 전세권말소등기신청의 등기권리자(소유자), 등기의무자(전세권자) 정보가 화면 상단에 기재됩니다.

전세권자가 등기소에 갈 예정이라면 소유자를 위임인으로 입력하고, 등기의무자(전세권자)를 대리인으로 입력합니다(소유자가 등기소에 간다면 소유자를 대리인으로, 전세권자를 위임인으로 지정합니다).

전세권 해지증서 작성

해지증서 양식을 기초로 구체적인 내용을 작성합니다.

부동산의 표시 입력

우선 부동산의 표시는 작성해야 할 내용이 많으므로 'e-Form'을 통해 입력한 데이터를 불러와 복사해서 붙여넣기로 해결합니다. 즉, 작성을 완료한 등기신청서를 출력하기 화면의 등기신청서를 클릭하면 새 팝업창이 뜹니다.

'자료복사'버튼을 클릭하면, 마우스를 이용할 수 있는 화면이 보입니다. 부동산의 표시 부분의 내용을 마우스로 범위를 지정하여 복사한 후 작성 중인 해지증서 파일에 부동산 표시 항목에 간단히 붙여넣기로 해결합니다.

말소할 사항의 입력

전세권말소등기신청서에 첨부되는 해지증서는 해당

부동산의 전세계약이 종료되고 전세권자가 목적물을 다 사용하였다는 증빙 자료로 목적물 사용을 위해 설정해 준 전세권의 말소를 위해 사용됩니다. 그러므로 해지증서에는 말소할 전세권을 구체적으로 기재해 주어야 합니다.

작성한 등기신청서를 참조하여 말소할 등기의 날짜, 접수번호를 찾아 기재합니다.

등기권리자, 등기의무자 정보 입력 및 날인

해지증서는 등기의무자(전세권자)가 동의하고 날인함으로써 수신자는 등기권리자(소유자)가 되는 형식입니다.

전세권설정등기말소신청서 등 제출

실무에서는 소유자가 전세보증금을 전세권자에게 반환하면, 전세권자는 전세권설정등기필증정보(서류)를 반환하고, 법무사(또는 소유자)가 해지증서와 전세권말소등기신청서를 작성하여 등기소에 제출합니다.

셀프등기의 경우 등기신청서 출력 후 첨부서류(해지증서 포함)와 함께 등기소에 제출하면 절차가 종료됩니다.

등록면허세, 등기신청수수료 납부 후 납부 정보를 보완 또는 수정·입력합니다. 그러고 나서 등기신청서를 출력하여 제출하면 됩니다.

기타: 임차권

임차권설정등기신청

당사자 일방이 상대방에게 목적물을 사용할 수 있도록 약정하고, 상대방이 이에 대하여 차임을 지급할 것으로 약정하는 임대차계약을 체결하는 등기로 이 등기 후에는 제3자에 대하여 대항력이 발생합니다.

공동신청이 원칙이지만(대리인에 의한 신청 가능) 등기절차의 이행 또는 인수를 명하는 판결에 의한 등기는 승소한 등기권리자 또는 등기의무자 단독으로 신청할 수 있습니다.

등기목적란: 임차권설정

임차보증금란: 금 ○○○원

차임란: 금 ○○○원으로 각각 기재합니다.

등기의무자의 등기기록상 주소와 현재의 주소가 다른 경우, 등기명의표시변경(또는 경정) 등기를 신청하여, 등기의무자의 주소를 변경한 후 설정등기를 하여야 합니다(등기의무의 주소가 다르더라도 매각하는 데 지장이 없는 것과 차이가 있습니다).

임차권설정계약서가 첨부되어야 하며, 임차권의 목적이 부동산의 일부인 때에는 임차권이 설정된 부분의 도면을 첨부합니다.

편철은 신청서, 등록면허세 영수필확인서, 등기신청수수료 영수필확인서, 위임장, 인감증명서, 주민등록표초본, 도면, 임차권설정계약서의 순서로 진행합니다.

전유 부분 임차권설정등기신청

부동산 표시란에는 임차권의 목적부동산을 기재하되, 등기 기록상 부동산의 표시와 일치하여야 합니다.

- 1동의 건물의 표시

  1동 건물 전체의 소재, 지번, 건물명칭, 번호, 도로명주소(등기기록표제부에 기록되어 있는 경우)를 기재합니다.

- 전유 부분의 건물의 표시

  건물의 번호, 구조, 면적을 기재합니다.

- 대지권의 표시

  특정 전유 부분의 대지권에 대하여는 임차권설정등기를 할 수 없으므로, 신청서에 대지권의 표시를 기재하지 않는 특징이 있습니다.

편철은 신청서, 등록면허세 영수필확인서, 등기신청수수료 영수필확인서, 위임장, 인감증명서, 주민등록표초본, 도면, 임차권설정계약서의 순서로 진행합니다.

주택(상가건물) 임차권설정등기신청

주택(상가건물) 임차권설정등기는 당사자 일방이 상대방에게 주거용 건물(주택) 또는 상가 건물을 사용할 수 있도록 약정하고, 상대방이 이에 대하여 차임을 지급할 것으로 약정하는 임대차계약을 체결한 경우에 하는 등기입니다.

- 부동산 표시란

  임차권의 목적부동산을 기재하되, 등기기록상 부동산의 표시와 일치하여야 합니다. 부동산이 토지(임야)인 경우에는 토지의 소재, 지번. 지목, 면적을 기재하고, 건물인 경우에는 건물의 소재, 지번, 도로명주소(등기기록표제부에 기록되어 있는 경우), 종류, 구조, 면적을 기재합니다.

- 주민등록일자란

  주택임대차보호법의 적용을 받는 주택임차권설정등기의 경우 주민등록(전입신고)을 마친 날을 기재하며, 상가임대차보호법의 적용을 받는 상가 건물의 경우에는 사업자등록 신청일을 기재합니다.

- 점유개시일자란
  주택임대차보호법의 적용을 받는 주택임차권설정등기의 경우 임차주택을 점유하기 시작한 날을 기재하며, 상가건물임대차보호법의 적용을 받는 상가건물의 경우에도 임차한 상가 건물을 점유하기 시작한 날을 기재합니다.
- 확정일자란
  임대차계약서상 확정일자를 받은 경우 그 일자를 기재합니다.

임차권말소등기신청

전세권 또는 근저당권말소신청과 방식은 동일하며, 해지 등과 같이 임차권등기말소 사유에 관한 증서가 있는 경우에는 그 증서를 작성하여 첨부합니다.

- 등기원인과 그 연월일: 해지일자 '해지'
  (예시: ○○○○년 ○○월 ○○일 해지)
- 등기의 목적: 임차권설정등기말소
- 말소할 등기: 2015년 5월 25일 접수 제1001호로 등

기한 임차권설정등기

공동신청이나 위임이 가능합니다. 말소할 등기는 말소할 임차권등기의 접수연월일, 접수번호 등을 기재하여 말소할 등기를 특정합니다.

- 등기의무자의 등기필정보: 임차권설정등기를 완료하고 '등기필정보 및 등기완료통지서'를 받은 경우, 임차권말소 시 부동산고유번호, 성명, 일련번호, 비밀번호를 기재합니다(등기필정보를 제출하는 것은 아님).

전유 부분 임차권말소등기신청

-부동산 표시란: 구분 건물인 경우

- 1동 건물의 표시
- 전유 부분 건물의 표시
- 대지권의 표시(기재하지 않음)

말소할 임차권의 등기가 되어 있는 부동산을 기재하되, 등기기록상 부동산 표시와 일치하여야 합니다. 부동산이 토지(임야)인 경우에는 토지의 소재와 지번, 지목, 면적을 기재하고, 건물인 경우에는 건물의 소재와 지번, 건물의 종류, 구조, 면적을 기재합니다. 그리고 건물의 번호가 있는 경우 그 번호, 부속건물이 있을 때는 그 종류, 구조와 면적을 기재합니다.

-등기원인과 그 연월일란:

등기원인은 임차권 종료 사유에 따라 해지, 존속기간 만료 등으로, 연월일은 임대차계약의 해지일 등을 기재합니다.

매매 이외의 소유권이전등기신청

상속

가족이 사망하면 사망자(피상속인)의 재산이 유가족(상속인)에게 상속됩니다. 부동산은 상속을 원인으로 '소유권이전등기신청(상속)'을 하여야 합니다. 피상속인이 사망하였으므로 등기신청은 상속인의 단독 신청으로 이루어집니다(매매는 매도인과 매수인이 공동으로 등기를 신청하여야 합니다). 상속인이 여러 명이라면 신청서에 모두 기재하지만, 여러 상속인 중 1인이 다른 상속인의 위임을 받을 수도 있습니다. 대리인으로 지정받은 1인이 'e-Form'에서 등기신청서를 작성하면 됩니다.

등기소에 출석하는 사람(대리인)은 신분을 확인할 수

있는 주민등록증과 도장을 챙겨야 합니다. 신청서가 여러 장일 때에는 신청서 사이에 간인을 해야 하며 이는 매매로 인한 소유권이전등기신청과 동일합니다.

상속을 증명하는 첨부서류로 가족관계증명서(상세), 기본증명서(상세), 제적등본, 피상속인 및 상속인의 주민등록표초본 등이 필요합니다.

'e-Form'에 로그인하고 등기신청서를 작성하는 원칙은 일반 매매에 따른 소유권이전등기신청과 같지만 2개 이상의 부동산이 있거나 상속인이 다수인 경우에는 등기권리자 각자의 지분의 기재 및 국민주택매입 총액의 계산법이 조금 다릅니다. 등기신청서를 작성할 때 문의하기(1544-0770) 바랍니다.

- 로그인, 'e-Form' 작성하기, 신규 작성을 차례로 클릭
- 매매에 의한 소유권이전과 동일: 제출방식, 이용동의, 등기유형 소유권이전, 등기의 목적(소유권이전), 부동산 표시
- 등기원인과 그 연월: 등기의 원인에서 '상속'을 선택하고 사망일을 찾아 빨간 달력에서 선택합니다.
  (예시: ○○○○년 ○○월 ○○일 상속)
- 등기의 목적: 소유권의 전부 이전의 경우에는 소유

권이전으로, 소유권의 일부 이전의 경우에는 '소유권의 일부 이전'으로 기재합니다.

[예시: 피상속인은 홍길동 입니다.]
단독소유자 홍길동의 지분을 전부 이전하는 경우 '소유권이전', 단독소유자 홍길동의 지분을 일부 이전하는 경우 '소유권의 일부 이전', 공유자인 홍길동의 지분을 전부 이전하는 경우 '갑구 ○번 홍길동 지분 전부 이전', 공유자인 홍길동의 지분 2분의 1중 4분의 1을 이전하는 경우 '갑구 ○번 홍길동의 지분 2분의 1 중 일부(4분의 1) 이전'

- 피상속인: 사망자의 성명, 주민등록번호, 주소를 기재합니다.
- 등기권리자: 상속인의 성명, 주민등록번호, 주소를 기재합니다. 상속인이 다수인 경우 모두 기재하고, 이전받는 각자의 지분을 지분란에 기재합니다.

시가표준액 및 국민주택채권매입금액, 국민주택매입총액란과 국민주택채권발행번호란은 부동산이 2개 이상인 경우에는 각 부동산별로 시가표준액 및 국민주택채권 매입금액을 기재한 다음 국민주택채권매입총액을 기재하여야 합니다.

각 부동산에 대하여 각 상속인의 지분별로 계산한 시가표준액에 의하여 일정비율의 국민주택채권을 매입합니다. 3억의 시가표준액인 부동산을 A, B가 상속하였을 경우 A, B 각각 1.5억 원의 시가표준액을 기준으로 채권매입액을 계산합니다.

- 등기신청수수료: 동일
- 신청인 등: 동일
- 취득세(등록면허세) 영수필확인서: 동일
- 상속을 증명하는 서면: 피상속인이 사망한 사실 및 상속권자와 상속인을 확인할 수 있는 제적등본(필요한 경우에 구 호적법상 전적 전 제적등본 포함), 가족관계증명서(상세), 기본증명서(상세), 친양자입양관계증명서(상세) 등(발행일로부터 3개월 이내)을 첨부합니다. 단 상속순위 2순위 이하의 자가 상속권리자가 되는 경우 피상속인의 입양관계증명서(상세)도 첨부합니

다. 상속인이 다수인 경우 각자 서류를 준비합니다.

- 주민등록표초본(또는 등본): 피상속인의 주민등록 초본 또는 등본(등기기록상의 주소와 최종 주소가 상이할 경우에는 반드시 주소 변동 내역이 포함된 주민등록 초본을 첨부)

  상속인의 주민등록초본 또는 등본(각 발행일로부터 3개월 이내)을 첨부합니다.

- 등기신청 서류 편철 순서

  신청서, 취득세영수필확인서, 등기신청수수료 영수필확인서, 위임장, 제적등본, 가족관계증명서(상세), 기본증명서(상세), 친양자입양관계증명서(상세), 주민등록표초본, 토지(임야, 집합건물인 경우 대지권 등록부 포함) 건축물대장 등본(전유부)의 순서로 진행합니다.

토지(임야), 건축물대장과 부동산 표시가 다른 경우 먼저 부동산표시변경(또는 경정) 등기를 할 것을 안내하고 있습니다.

협의분할에 의한 상속

피상속인이 사망한 뒤 법정상속분으로 부동산 등기를 하지 않고, 상속인들의 협의에 따라 부동산 등기를 하려고 할 때 사용되는 등기신청 유형입니다. 피상속인이 사망하였으므로 등기신청은 상속인의 단독신청으로 이루어집니다(매매는 매도인과 매수인이 공동으로 등기를 신청하여야 합니다). 상속인이 여러 명이라면 신청서에 모두 기재하지만, 여러 상속인 중 1인이 다른 상속인의 위임을 받을 수도 있습니다. 대리인으로 지정받은 1인이 'e-Form'에서 등기신청서를 작성하면 됩니다.

상속재산분할협의는 상속인들 전원이 참여합니다. 등기신청 시 상속재산분할협의서를 첨부서면으로 제출합니다. 상속재산분할협의서(여러 장인 경우 공동상속인 전원의 인감으로 간인해야 함)는 공동상속인 전원이 참가하여 작성하며 각자의 인감으로 날인한 후 인감증명서를 첨부하여 제출하여야 합니다. 본인서명사실확인서의 서명은 인감과 같이 취급하므로 서명 후 본인서명사실확인서를 첨부하여야 합니다.

'e-Form' 등기유형에서 '소유권이전등기'를 선택하고 등기원인에서 '협의분할에 의한 상속'을 선택 후 안내에 따라 입력합니다.

- 등기원인과 그 연월일: 사망일과 '협의분할에 의한 상속'(예시: ○○○○년 ○○월 ○○일 '협의분할에 의한 상속')이라고 기재합니다.
- 신청인 등: 협의분할에 의하여 상속을 받는 자의 성명 및 전화번호를 기재하고, 각자의 인장을 날인 또는 서명합니다.
- 첨부서류 편철 순서: 신청서, 취득세 영수필확인서, 등기신청수수료 영수필확인서, 위임장, 제적등본, 가족관계증명서(상세), 기본증명서(상세), 친양자입양관계증명서(상세), 상속재산분할협의서 및 인감증명서, 주민등록표초본, 토지(임야), 건축물대장등본 순서로 진행합니다.

증여

매매가 아닌 증여로 소유권이전등기를 신청할 때 사용하는 등기유형입니다. 'e-Form' 등기신청 유형에서 '소유권이전'을 선택하고, 등기원인에서 '증여'를 선택하면 증여에 따른 소유권이전등기신청 입력이 가능합니다.

수증자(증여받은 자)가 등기권리자, 증여자(증여하는

자)가 등기의무자가 됩니다. 매매와 같이 등기권리자, 등기의무자가 등기를 공동으로 신청함을 원칙으로 합니다(위임 가능).

증여계약으로 인한 소유권이전등기를 신청하는 경우에는 그 계약서를 첨부하며, 인지세법이 정하는 인지를 붙이지 않아도 되지만, 증여계약서는 해당 부동산 소재지를 관할하는 시장, 구청장, 군수 또는 군수로부터 위임받은 자(읍, 면, 동장)로부터 검인을 받아야 합니다.

- 등기원인과 그 연월일: ○○○○년 ○○월 ○○일 '증여'라고 기재하며, 날짜는 증여계약상의 계약일을 사용합니다.
- 첨부서류 편철 순서
  신청서, 취득세 영수필확인서, 등기신청수수료 영수필확인서, 위임장, 인감증명서, 주민등록표초본, 토지(임야), 건축물대장등본, 증여계약서(검인) 등의 순서로 진행합니다.

셀프등기 추가 자료

정부가 운영하는 홈페이지

대법원 인터넷등기소(대법원, 등기신청서 작성), 부동산

거래관리시스템(국토교통부관리, 부동산거래신고필증 조회), 위택스(취득세, 등록면허세), 정부24(등기부등초본 발급 등), 공시알리미가 있습니다.

전자정부를 지향하여 웬만한 업무는 전산(인터넷)으로 처리가 가능하도록 서비스의 범위를 점차 확대하고 있는 추세입니다. 종이가 아닌 전자문서로 진행되는 전자소송 및 나홀로 소송이 가능한 시스템도 구축했습니다. 셀프등기를 위해 마련된 'e-Form'보다 전자정부 취지에 더 가까운 상위 버전(등기신청서 및 첨부서류 제출을 위해 등기소를 방문하지 않음)도 있습니다.

정부의 각 부처에서 운영하는 홈페이지의 특성을 간략히 살펴보겠습니다.

첫째, 업무의 전산화 내지 종이 없는 전자정부 추진을 반영합니다. 각 부처의 민원업무는 가급적 방문 없이 처리할 수 있도록 서비스가 확대되고 있습니다. 각 부처에서 운영하는 홈페이지는 나름의 목적 달성을 위해 최대한의 서비스를 제공하고자 노력하고 있습니다. 설명도 상세하고 관련 서식 또한 다양합니다. 다만 부처간 연결 또는 민간 영역과의 정보 연결 부분에서는 아직은 조금 아쉬운 점이 있습니다.

예를 들어, 국민주택채권매입액은 공시지가를 파악하고, 거기에 일정한 비율을 곱하는 방식입니다. 관리하는 부동산 고유번호로 부동산 소재지, 공시지가, 일정한 비율을 자동으로 조회하여 국민주택채권의 매입액 자동계산이 기술적으로 가능합니다. 사람이 계산할 수 있다면 자동수식을 걸어 프로그램에서 더 간단히 계산할 수 있습니다. 담당 부처에서는 최선의 노력을 다했겠지만 여러 부처를 걸치는 업무에서 URL 링크만 걸어두고 있는 실정입니다.

둘째, 정부 부처가 운영하는 홈페이지는 공동공인인증서(구 공인인증서)를 중심으로 보완정책이 이루어져 있습니다. 단순한 개별 업무 하나를 진행할 경우에는 불편하지 않지만 해당 시스템에서 여러 업무를 처리해야 하는 경우 동일한 본인 확인 절차를 여러 번 반복해야 합니다. 그래도 다행인 점은 공인인증과 간편인증을 구분하고 있다는 것입니다. 즉 단순 조회 또는 내역을 조회하거나 출력할 때 핸드폰 인증 또는 카카오 인증만으로 업무처리가 가능토록 구성한 점은 높이 살만 합니다.

셋째, 이용자 스스로의 선택권을 존중하고 있습니다. 달리 말하면 이용자가 자기 정보 조회를 할 때 동의했다는 사실을 입증하기 위해 비밀번호 등을 입력하는 절차를 별도로 거쳐야 하는 경우가 많이 있습니다. 형식적인 동의 내지 운영자의 면책을 동의로 반복하지는 않는지 이용자 관점에서 실질적으로 살펴보는 게 중요합니다.

부동산거래관리시스템 활용
부동산거래신고 및 부동산거래신고필증 조회

국토교통부가 관리하는 '부동산거래관리시스템(rtms.molit.go.kr)'을 살펴보겠습니다. 중개인이 매매계약을 신고할 때 사용하는 시스템이지만 이제는 부동산 거래 당사자도 알아두어야 할 필요가 있습니다. 2021년 6월 1일 이후 체결되는 임대차계약, 전세권계약에 대해서는 임대인과 임차인에게 거래신고 의무가 새롭게 부과되었습니다. 따라서 중개인 없이 전세계약과 임대차계약을 진행하거나 기존의 계약을 단순히 연장하는 경우 신고를 빠트리지 않도록 주의해야 합니다.

사용방법은 비교적 간단합니다. 로그인에 공동인증서가 사용된다는 점은 다른 정부기관이 만든 홈페이지와 동일합니다. 다만 로그인을 하기 전에 해당 부동산이 있는 '시군구'(예시: 수원시 팔달구, 서울시 양천구) 정보를 먼저 선택하고, 주민번호, 성명 기록 후 공동인증서 번호를 입력하여야 합니다. 로그인을 하면 임대차신고, 부동산거래신고의 각 신고서 등록과 조회 버튼이 눈에 띕니다.

중개인이 당사자를 부동산거래신고한 경우 매수자는 '부동산거래신고 신고이력조회' 기능을 이용하여 부동산신고거래와 부동산신고거래필증 정보를 확인하고 출력할 수 있습니다. 중개인을 통하지 않고 매매계약 잔금일까지 기다리지 않아도 부동산거래신고필증을 다운받을 수 있습니다.

셀프등기와 관련하여 아파트 매매 거래에 대해 중개인이 한 해당 부동산거래신고의 신고필증을 다운받는 방법을 알아보겠습니다.

부동산거래신고 '신고이력조회'를 위해 타 시군구 바로가기 아래에서 해당 부동산 소재지(예: 서울특별시), 시군구(양천구) 정보를 선택하고 바로가기 버튼을 누른 후 로그인을 합니다.

부동산 거래관리시스템
임대차신고(확정일자) • 매매신고
--시도 선택--
--시군구 선택--
신고하기
신고 미리보기
공지사항
실거래가 공개 정보 확대
주택 임대차계약 온라인 신고하기 체험 이벤트 당첨자 안내
[공통]주택임대차 계약 온라인 신고하기 체험 이벤트
[공통]규제지역 지정 및 실거래 조사_현장단속 강화
[공통] 조정대상지역 지정을 통한 시장안정 기조 강화(2020.11.20)
시스템 장애안내
[장애 안내]부동산거래관리시스템 장애안내
[장애 복구] 부산 북구 장애 복구완료
[장애안내] 부동산거래관리시스템 부산북구 장애안내
[작업안내] 경기도 시흥시 작업 안내 [2021.07.21]
[작업안내] 서울특별시 은평구 작업 안내 [2021.07.21]
참고자료 및 링크
설명자료
민원인용 매뉴얼
대량신고 매뉴얼
최근 개정된 법령
부동산거래신고등에 관한 법률
고객지원센터
1588-0149
고객센터 상담시간
평일 09:00~18:00
(점심 12:00~13:00)
국토교통부
실거래가공개시스템
SEE:REAL
R-ONE부동산통계정보시스템
국세청
인터넷등기소
부동산종합증명서 열람·발급서비스
민원24
wetax
서울시ETAX
대한민국 법원
등기정보광장

부동산거래관리시스템
서울시 양천구
Home
사이트맵
서비스안내
주택 임대차계약신고
부동산거래신고
외국인부동산취득
주택거래신고
게시판
관련정보
서울시 양천구
임대차신고
부동산거래신고
신고서 등록
신고 이력조회(공동서명)
신고서 등록
신고이력 조회
Notice
부동산거래신고 관련 주요개정... 2007/06/29
인터넷신고방법 메뉴얼 게시 2007/02/07
타 시군구 바로가기
--시도선택--
--시군구선택--
바로가기
고객센터
운영시간 : 평일(월~금) 09:00~18:00
대표전화 : 1588-0149

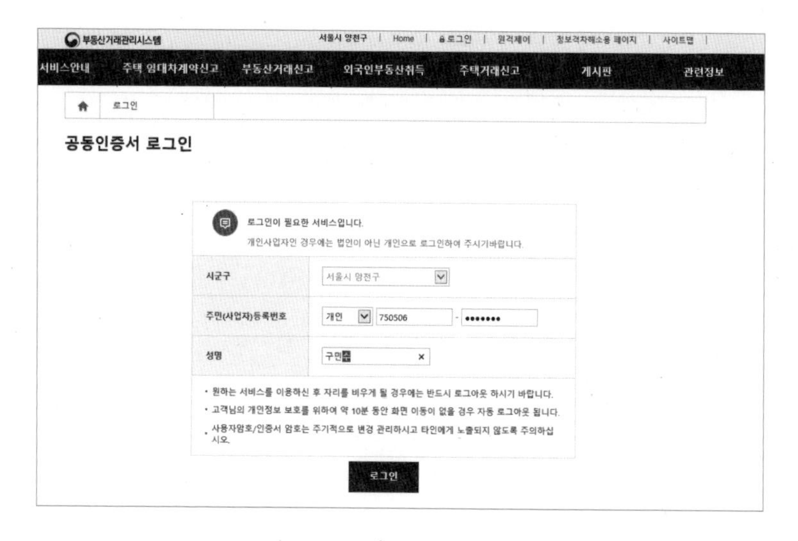

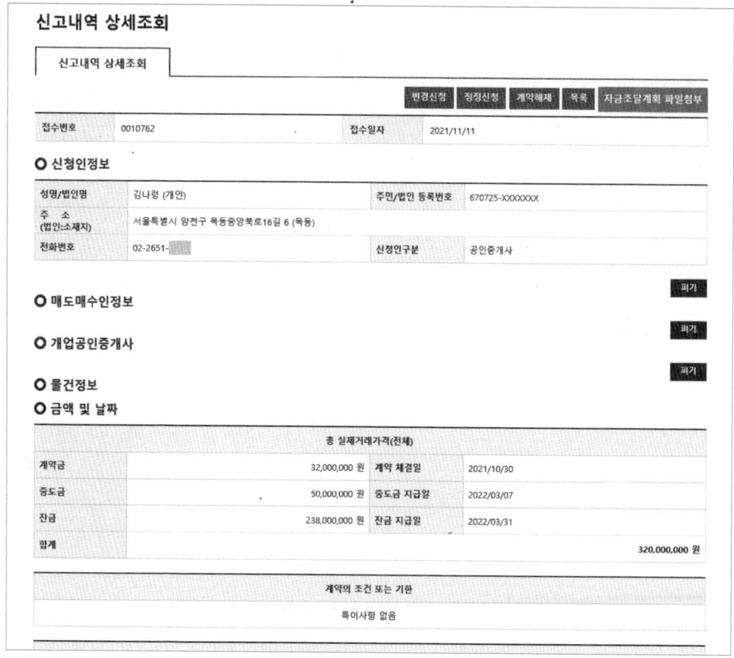

[부동산거래관리시스템 부동산거래신고 화면]

로그인 경로는 2가지 정도로 나누어집니다. 해당 부동산 소재지(시도)와 시군구(양천구) 등을 먼저 선택한 후 로그인하도록 되어 있습니다. 로그인 후 '신고이력조회'를 해 보면 중개인이 처리한 부동산거래신고와 구청이 이를 확인한 신고필(신고를 확인하였다는 정보)이 조회됩니다.

공동공인인증서(구 공인인증서)를 준비하고 주민번호, 성명을 입력한 후 로그인했습니다.

부동산거래신고

부동산거래신고(매매) 또는 임대차신고는 지금까지 중개인이 대신해 주었습니다. 앞으로도 중개인이 존재하는 한 이를 대행해 주겠지만 당사자가 직접 신고하는 경우가 생길 수 있습니다. 번거롭지만 어렵지는 않습니다.

부동산매매신고 버튼을 눌러 신청인의 인적사항, 매도·매수인 정보, 공인중개사 정보, 물건 정보, 금액 및 날짜 정보를 안내에 따라 입력합니다.

자금조달계획 파일첨부가 눈에 띕니다. 최근 정부는 부동산 투기거래를 차단하고자 매수자에게 반드시 자금조달계획서를 작성할 의무를 부담시켰습니다. 현장에서는 중개인의 안내에 따라 매수인이 작성하여 원본과 함께 정보 제공동의서를 날인하여 중개인에게 전달하면 중개인이 부동산매매신고 시 함께 첨부하여 제출하고 있습니다.

신고내용 조회 및 부동산거래신고필증 출력

2021년 11월 25일에 지난 10월 말에 체결한 매매계약이 제대로 신고되었는지 확인하여 보았습니다. 물론 중개인이 부동산거래신고필증을 출력한 사진을 스마트폰으로 전송해 주기는 하였습니다. 상세내역을 보니 2021년 11월 11일 중개인이 부동산매매신고를 진행한 것이 확인됩니다.

신고이력조회 정보 중 접수번호는 구청에 취득세를 신고할 때 필요한 부동산거래신고필증 번호와 등기신청서 기재사항 중 부동산거래신고필증 번호가 사용됩니다.

취득세 신고 및 등기소 제출을 위해 부동산거래신고필증 2부를 출력합니다(위택스를 통해 취득세 신고를 한다면 부동산거래신고필증 제출이 생략됩니다).

발로 뛰는 셀프등기의 경우 매매계약 잔금일에 중개인이 준 부동산거래신고필증을 이용하면 됩니다. 미리 부동산거래관리시스템을 이용하여 출력한 후 파일을 받아놓으면 고생은 덜고 시간은 대폭 줄일 수 있습니다.

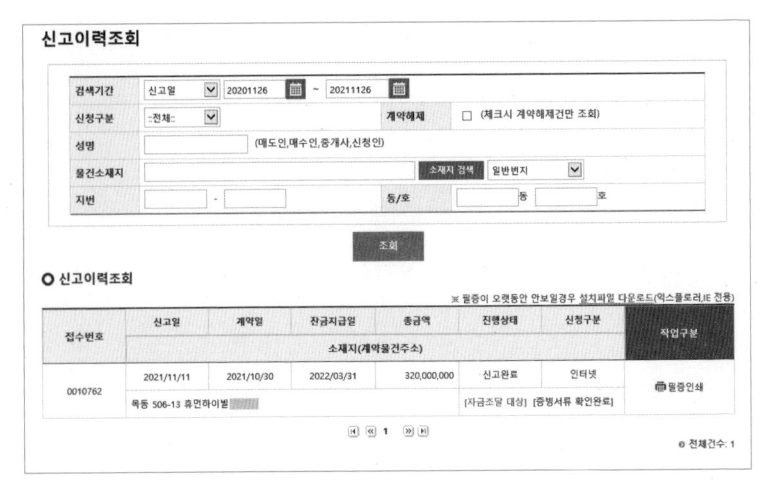

[부동산거래관리시스템 신고이력조회 화면]

위택스 이용: 취득세 신고·납부 및 취득세 납부 영수증 출력

위택스(www.wetax.go.kr)를 이용하면 인터넷으로 취득세(지방교육세, 농어촌특별세 포함) 또는 등록면허세의 신고와 납부를 간편하게 할 수 있습니다. 매매계약 잔금일 당일 구청을 직접 방문하지 않아도 되므로 수고를 덜어 줄 것입니다.

먼저 공동인증서(구 공인인증서)를 통한 회원가입이 필요합니다. 회원가입은 아이디와 비밀번호 방식은 사용하지 않고 오직 공동인증서 방식만 채택하고 있습니다.

취득세 신고를 위해 로그인, 개인정보 수집 동의 절차를 거칩니다. 경우에 따라 세대원 정보 실시간 조회 동의 확인을 위해 공동인증서 인증(또는 간편인증서 인증, 휴대폰 인증, 디지털원패스 인증)이 추가로 진행됩니다.

취득세 양식을 위택스 화면으로 똑같이 구현해 보겠습니다. 부동산 거래신고필증상의 관리번호를 입력하면 매매대상 부동산, 매도인, 매수인 등 기본정보가 자동입력되어 수기 작성보다 편리합니다.

2020년 8월 18일부터 주택을 무상 또는 유상거래로 취득하는 경우 주택취득상세명세서를 제출하도록 규정이 바뀌었습니다. 주민등록표에 함께 기재되어 있는 가족을 기준으로 주택 수를 파악하여 신규로 취득하는 주택에 적용되는 취득세율을 중과하기 위한 조치입니다.

홈페이지 대표번호로 문의 결과, 위택스에서 취득세 신고서, 주택취득상세명세서를 작성·제출할 경우 부동산 거래신고필증, 주민등록표, 가족관계증명서를 따로 제출할 필요가 없다고 합니다.

매매계약 잔금일에 구청에 들러 취득세 신고를 하고, 고지서를 받아 다시 등기소로 가서 처리하는 발로 뛰는 등기보다는 매매계약 잔금일 오전 7시에 위택스를 통해 취득세 신고를 하고(취득세 신고 금액은 미리 구청과 사전협의 및 등기신청서 금액 기재 완료), 앱이나 인터넷 납부를 한다면 구청을 직접 방문하지 않아도 됩니다. 단, 취득세 감면 신고대상은 절차가 좀 복잡하기 때문에 구청과 미리 협의하는 게 좋습니다.

■ 지방세법 시행규칙[별지 제3호서식]

취득세 ([ ]기한 내 / [ ]기한 후) 신고서

(앞쪽)

관리번호	접수 일자	처리기간 즉시

신고인			
신고인	취득자 (신고자)	성명(법인명)	주민등록번호(법인등록번호)
		주소	전화번호
	전 소유자	성명(법인명)	주민등록번호(법인등록번호)
		주소	전화번호
매도자와의 관계	□ 배우자 □ 직계존비속 □ 기타		

취 득 물 건 내 역

소재지						
취득물건	취득일	면적	종류(지목/차종)	용도	취득 원인	취득가액

세목			과세표준액	세율	① 산출세액	② 감면세액	③ 기납부 세액	가산세 신고 불성실	가산세 납부 불성실	가산세 계 ④	신고세액 합계 (①-②-③+④)
합계											
신고 세액	취득세			%							
	지방교육세			%							
	농어촌특별세	부과분		%							
		감면분		%							

「지방세법」 제20조제1항, 제152조제1항, 같은 법 시행령 제33조제1항, 「농어촌특별세법」 제7조에 따라 위와 같이 신고합니다.

접수(영수)일자
(인)

년 월 일

신고인 (서명 또는 인)

대리인 (서명 또는 인)

특별자치시장 · 특별자치도지사
시장 · 군수 · 구청장 귀하

첨부서류		
첨부서류	1. 주민등록등본(행정정보의 공동이용을 통한 확인에 동의하는 경우에는 제출을 갈음 할 수 있습니다) 1부 2. 취득가액 등을 증명할 수 있는 서류(매매계약서, 증여계약서, 부동산거래계약 신고필증, 법인장부 등) 사본 각 1부 3. 「지방세특례제한법 시행규칙」[별지 제1호 서식] 등 취득세 감면신청서 1부 4. 원천징수영수증 또는 소득금액증명원(세대 분리 등의 증명이 필요한 경우에 해당합니다) 1부 5. [별지 8호 서식] 취득세 비과세 확인서 및 기납부세액 영수증 사본 1부 6. 주택 무상 · 유상 취득 상세 명세서(부표, 주택 취득자만 해당합니다) 1부 7. 위임장 1부(대리인만 해당합니다)	수수료 없음

위임장

위의 신고인 본인은 위임받는 사람에게 취득세 신고에 관한 일체의 권리와 의무를 위임합니다.

위임자(신고인) (서명 또는 인)

위임받는 사람		
위임받는 사람	성명	위임자와의 관계
	주민등록번호	전화번호
	주소	

*위임장은 별도 서식을 사용할 수 있습니다.

------------------------------ 자르는 선 ------------------------------

접수증(취득세 신고서)

신고인(대리인)	취득물건 신고내용	접수 일자	접수번호
「지방세법」 제20조제1항, 제152조제1항, 같은 법 시행령 제33조제1항, 「농어촌특별세법」 제7조에 따라 신고한 신고서의 접수증입니다.			접수자 (서명 또는 인)

210㎜×297㎜[백상지 80g/㎡(재활용품)]

[취득세 신고서 양식]

■ 지방세법 시행규칙[별지 제3호서식 부표] <개정 2020. 8. 18.> (앞쪽)

주택 ([ ]무상 / [ ]유상거래) 취득 상세 명세서

1 주택 (증여자[ ] / 취득자[ ]) 세대 현황

① 취득자 구분		□ 개인 □ 법인 또는 단체			
② 세대 현황 ※ 무상취득은 증여자 기준으로, 유상거래는 취득자 기준으로 적습니다.	구 분	세대주와의 관계	성명	주민등록번호(외국인등록번호)	1세대 포함 여부
	세대주				□ 포함 □ 제외
	세대원				□ 포함 □ 제외
					□ 포함 □ 제외
					□ 포함 □ 제외

2 신규 취득 주택 현황

③ 취득 주택 소재지 및 별장·고급주택 여부	주 소				
	조정대상지역	□ 여 □ 부	별장·고급주택	□ 여 □ 부	
④ 중과세 제외 주택 여부	□ 해당 없음	□ 해당 (「지방세법 시행령」 제28조의2제( )호의 주택)			
⑤ 취득 원인	□ 무상취득 / 유상거래 (□ 매매 □ 분양권에 의한 취득)				
⑥ 계약일		⑦ 취득일			
⑧ 취득 가격					

⑨ 취득주택 면적(㎡)	총면적	토 지		취득지분	%	취득면적	토 지	
		건 물			%		건 물	
⑩ 일시적 2주택 여부	□ 일시적 2주택 □ 해당 없음							

3 1세대 소유주택 현황 ※ 신규로 취득하는 주택을 포함합니다.

⑪ 1세대 소유주택 현황	소유주택 수	□ 1주택 □ 일시적 2주택 □ 2주택 □ 3주택 □ 4주택 이상					
	소유주택 현황 ※ 기재사항이 많을 경우 별지로 작성할 수 있습니다.	유 형		소유자	소재지 주소	취득일	주택 수 산정 포함 여부*
		단독·공동주택					□ 포함 □ 제외
							□ 포함 □ 제외
		'20.8.12. 이후 계약	주택 분양권				□ 포함 □ 제외
							□ 포함 □ 제외
		'20.8.12. 이후 취득	주거용 오피스텔				□ 포함 □ 제외
							□ 포함 □ 제외
			조합원 입주권				□ 포함 □ 제외
							□ 포함 □ 제외

*「지방세법 시행령」 제28조의4제5항 각 호의 어느 하나에 해당하는 주택은 주택 수 산정 시 제외합니다.

4 신규 주택 적용 취득세율

취득구분	중과세 제외 주택		무상취득			유상거래					
						법인 및 단체	개인				
규제구분	무상 취득	유상 거래	조정대상 지역		조정대상지역 외 지역		조정대상지역			조정대상지역 외 지역		
총 소유주택 수 (신규 주택 포함)			3억 이상	3억 미만			1주택 일시적 2주택	2주택	3주택 이상	2주택 이하	3주택	4주택 이상
⑫ 취득세율	3.5%	1~3%	12%	3.5%		12%	1~3%	8%	12%	1~3%	8%	12%
	□	□	□	□		□	□	□	□	□	□	□
별장·고급주택			□ ⑫ 취득세율에 8% 가산									

※ 향후 세대별 주택 수 확인 결과 신고내용과 다르거나 일시적 2주택으로 신고했으나 종전 주택을 기한 내에 처분하지 않은 경우 가산세를 포함하여 추가로 취득세가 부과될 수 있음을 확인합니다.

신고인 : (서명 또는 인)

[주택 취득 상세 명세서]

위택스를 이용한 취득세 신고서 작성, 제출, 납부

1. 취득세 신고서

(1) 취득세 신고서 입력 사항

- 기한 내 신고: 취득일(잔금지급일 등)부터 60일 이내에 신고하는 경우
- 소재지: 토지 건물의 소재지
- 취득물건: 부동산(토지, 건축물)
- 취득일자: 잔금 지급일
- 면적: 부동산의 경우 ○○제곱미터(지분의 경우 ○○분의 ○으로)
- 종류: 주거용, 영업용, 주상복합용
- 용도: 주거용, 상업용, 공장용 등
- 취득 원인: 매매, 증여, 상속
- 취득가액: 취득 당시의 금액
- 세율: 보유주택 수, 취득 지역에 따라 다름
  지방세법 참조 필요
- 신고인: 납세의무자

(2) 주택 취득 상세 명세서

- 세대 현황: 신고 대상 주택을 취득하는 사람과 세대

별 주민등록표 등에 함께 기재되어 있는 가족으로 구성된 세대현황 기록
(상세하게 읽어 본 후 구청에 직접 문의)

- 일시적 2주택 여부
- 세대 소유 주택 현황
- 취득세율: 신고 대상 주택의 중과세 제외 여부, 취득 원인, 소재지(조정 대상 지역 여부) 및 1세대 소유주택 수 등을 확인하여 해당 세율을 표기(구청의 사전 협의 필수)

2. 관할구청 사전 문의

양식을 보고 궁금한 사항이 있으면 구청에 문의합니다. 결론적으로 과세표준액과 세율을 알면 납부할 신고세액을 알 수 있습니다. 취득세율은 정부의 부동산 정책을 민감하게 반영하므로 언제든지 변경될 가능성이 있습니다. 매매대금 잔금일 전 비교적 넉넉한 시간을 두고 문의하기 바랍니다.

3. 위택스를 이용한 작성 및 신고

취득세 신고서 및 주택취득상세명세서 양식에 기록할

내용을 미리 파악하였다면, 매매대금 잔금일 일주일 전부터 잔금일 전날까지 미리 위택스를 통해 작성해 둘 것을 추천합니다. 신고서 임시저장 기능이 있기 때문에 최종 저장일로부터 7일간 보관이 가능합니다(기간 종료 후 자동 삭제).

개인 간의 아파트(공동주택) 매매(유상 취득)라면 매매대금 잔금일 오전에 위택스 시스템에 임시저장한 취득세 신고 정보를 이용하여 신고를 마무리하면, 구청 공무원의 추가 확인 없이 즉시 취득세 납부가 가능합니다.

홈페이지 대표번호로 문의한 경우 '부동산거래신고필증 관리번호'를 입력하면 따로 부동산거래신고필증을 PDF파일로 첨부하지 않아도 되고, 취득세 신고서 작성 과정에서 개인 신상 정보열람 동의를 하면 가족관계증명서에 포함될 정보를 불러와서 화면에 입력할 수 있도록 편의를 제공하고 있습니다. 이 경우 가족관계증명서를 따로 발급받아 첨부하지 않아도 됩니다.

다만 모든 유형의 '소유권이전등기신청'에 위택스 신고가 가능한 것은 아니고(공통주택, 토지는 가능하지만 농지와 일반 건물은 불가능) 매매(유상 취득)가 아닌 상속, 증여, 경락(경매 낙찰)의 경우 다른 기관의 확인 작업을 거쳐야 해서 즉시 접수가 되지 않는 등의 제한이 있습니다.

매매대금 잔금일 이전에 관할 구청과 위택스 홈페이지 대표번호(110)로 문의해 보는 게 좋습니다. 매매대금 잔금일 오전 위택스로 신고하면 되는지 또는 공무원의 접수나 확인 행위가 필요한지 확인하고 별도의 확인이 필요하다면 소요되는 시간을 미리 협의하는 게 바람직합니다.

첨언을 하자면 매매대금 잔금일에 구청을 직접 방문할 경우 현장에서 취득세 신고서 및 주택취득세 상세명세서를 작성하고 제출해야 합니다. 경험에 비추어 보면 당일 오전 부동산 중개소에서 잔금 지급과 매도인의 등기서류를 바꾸고 구청으로 향하면 점심시간 전에 도착하게 됩니다. 취득세 신고서와 상세명세서 작성이 일상에서 익숙한 일이 아니므로 작성 과정에서 궁금하거나 모르는 부분이 생기는 것은 당연합니다. 질문과 답변을 통해 작성한 신고서와 첨부서류를 제출하면 담당 공무원은 기록한 내용이 맞는지 확인한 후 은행 전산망과 연결된 단말기에 해당 내용을 입력하고 취득세 고지서를 출력해 줍니다. 점심시간이나 혼잡한 시간에는 업무 처리가 다소 지연될 수도 있으니 참고하기 바랍니다.

4. 취득세 등 납부

취득세 신고 후 접수 절차를 거쳐 인터넷 고지서가 발급되면, 신용카드나 이체 방식 중 선택하여 납부하면 됩니다.

5. 취득세 납부 증명서 출력

위택스 시스템은 공동인증서(구 공인인증서)를 들고 다니지 않아도 간편 인증서 인증(예: 카카오톡), 휴대폰 인증(SMS)을 통해 로그인이 가능합니다. 따라서 매매계약 잔금일 오전에 위택스로 취득세 신고 후 이체 등으로 취득세를 납부하면 됩니다.

매매계약 잔금일 당일 등기소의 민원인용 공용 PC를 사용하는 경우 다음의 방법으로 진행합니다.

- 위택스 홈페이지에서 (기 납부) 전자납부번호 및 납세자 주민번호 입력
- 간편 인증서 인증(카카오톡)으로 로그인을 하면, 등기소에 제출할 취득세 납부 영수증 출력이 가능

위택스에서는 등록면허세의 신고·납부도 가능합니다. 근저당권말소를 위해 등록면허세와 지방교육세를 납부하였습니다. 등록면허세 6,000원과 지방교육세 1,200원은 말소등기 항목을 선택하면 미리 저장된 값이 자동으로 표

시됩니다. 즉, 금액을 따로 계산하거나 기억하지 않아도 됩니다.

6. 수입인지 구매 (www.e-revenuestamp.or.kr)

종이 문서용 수입인지를 구매합니다. 계좌이체와 신용카드를 이용하여 구매할 수 있으며, 회원가입 없이 비회원도 공동인증서 로그인으로 수입인지 구매와 출력이 가능합니다. 공동인증 활용과 정부 홈페이지 서류 출력이 준비된 PC가 필요합니다.

납부정보 입력: 과세문서의 종류, 부동산 등 소유권 이전

- 금액: 부동산 구매의 경우 기재 금액이 1억 원 초과 10억 원 이하인 경우 15만 원, 기재금액이 10억 원을 초과하는 경우 35만 원
- 납부정보와 금액 입력 후 확인 버튼 클릭

입력정보 확인

- 최종 결제 전 프린터 출력 가능 여부 확인(테스트 출력)

- 결제수단: 계좌이체 또는 신용카드
- 주의: 종이 인지는 1회만 출력 가능

출력: A4 형태의 수입인지 출력, 매매계약서 뒷장에 스테이플러로 첨부하여 제출

※ 정부 24시 발급 및 업무처리가 가능한 업무

주민등록초본 또는 주민등록등본(현재 주소 기재) 중 1

셀프등기 관련 Q&A

Q: 비용 절감은 얼마나 되나요?

A: 많이 됩니다. 법무사에게 대행료, 서류 작성료, 채권 할인 가격, 부속 서류대, 일당 교통비, 검인대행료를 지급하지 않아도 됩니다. 최소 30만 원은 절감할 수 있습니다. 인터넷으로 등기신청 수수료를 납부하면 2,000원을 더 아낄 수 있습니다. 비용 절감 외에 성취감으로 뿌듯한 마음이 들 것입니다.

Q : 어려운 용어 때문에 여기저기 헤매다 시간을 허비합니다.

A : 솔직히 부동산등기 용어가 쉽지는 않습니다. 이해하면 좋겠지만 어디서 시작해야 할지 감을 잡기 어려울 수도 있습니다. 그러나 어렵다고 시도조차 하지 않는다면 항상 어렵습니다. 그러니 도전하세요. 'e-Form'을 이용해서 서류를 작성하고, 국민주택채권매입도 인터넷으로 해결하기를 추천합니다.

Q : 셀프등기는 번거롭지 않나요?

A : 맞습니다. 그러나 제가 경험했던 2007년과 2016년에 비해 현재는 등기시스템과 연계 결제시스템이 잘 갖추어져 웬만한 일은 PC에서 해결이 가능합니다.

단, 취득세 신고를 위한 구청 방문 1회(생략 가능), 등기신청서 제출을 위한 등기소 방문 1회는 꼭 해야 합니다.

Q : 셀프등기의 장점은 무엇인가요?

A : 비용과 시간이 절약됩니다. 성공하면 뿌듯함을 느낀다고 합니다. 과거에 비해 셀프등기에 대한 담당 공무원들의 거부감 또한 많이 없어졌습니다.

Q : 매수인 주민등록등본과 초본 둘 다 필요한가요?

A : 매수인은 주민등록등본과 주민등록초본 중 하나만 있으면 됩니다. 다만 매도인의 등기부상 주소지와 현재 거주지가 다르다면 이사 내역이 포함된 주민등록초본이 필요합니다.

또한 부동산 취득세가 주택 수에 따라 중과될 수 있습니다. 그때 주택 수 판단은 동거가족을 기준으로 주민등록등본과 가족관계증명서(상세) 내역이 필요합니다.

Q : 정부수입인지와 국민주택채권고지서는 구청에서 발급하나요?

A : 정부수입인지와 국민주택채권고지서는 은행에서 구매해야 합니다. 구청에서는 취득세, 지방교육세, 농어촌특별세 납부 고지서를 발급합니다.

Q : 매도인이 대출금이 남아 있어도 셀프등기가 가능한가요?

A : 네. 가능합니다. 잔금이나 남은 대출금을 매도인의 대출상환용 계좌로 입금하면 되기 때문에 사전에 은행 및 매도인과 협의하면 됩니다.

Q: 매도인의 잔존 대출금 상환 후 기존 근저당권 해제는 매도자가 직접 해야 하는 건가요? 그리고 그 후 등기가 가능한지 아니면 은행에 입금 즉시 바로 셀프등기를 해도 되는 건가요?

A: 대출금 상환이 완료되면 은행은 근저당권해지등기 접수 절차를 바로 진행합니다. 은행과 화재보험사는 법무사와 연결된 시스템이 갖추어져 있습니다. 상환 즉시 근저당권말소 접수 요청서 또는 근저당권말소 접수 증명원을 발급하는 경우도 있습니다.

최근 근저당권말소 건으로 한 은행과 협의한 적이 있는데, 은행이 근저당권말소 접수를 대행해 줄 수는 있지만 비용은 고객이 부담하여야 한다고 안내를 받았습니다.

잔금일 이전에 매도인의 은행측과 연락해서 잔금 당일 대출금을 상환하더라도 셀프등기하는 데 지장이 없도록 해 줄 것을 당부해 두면 됩니다.

Q: 매도인이 등기권리증을 잃어버린 경우 어떻게 해야 하나요?

A: 등기필증(등기권리증)과 등기필정보는 어떠한 경우에도 재발급되지 않습니다.

법무사가 확인한 '확인서'가 등기필증 등을 대신하게 됩니다. 이 비용은 당연히 매도인이 부담해야 합니다. 잔금 지급 이전에 등기필증 분실이 해결되는 것을 확인한 후 잔금을 지급해야 하지 않을까요? 잔금을 지급하고 나서 매도인과 함께 등기소에 가는 방법은 추천하지 않습니다.

Q : 신규 빌라 셀프등기에 국민주택채권매입은 어떻게 하나요? 은행에서 국민주택채권의 구입액을 설명해 주나요?

A : 매수한 부동산의 시가표준액에 따라 국민주택채권 구입액이 달라집니다. 은행 직원은 질문자가 매수한 부동산의 정보와 시가표준액을 알 수 없으므로 답변하지 못할 확률이 상당히 높습니다. 등기소 상담 직원이 친절히 상담해 준다고 들었지만, 질문자가 매수한 부동산의 정보를 기초로 몇 단계를 거쳐 계산해야 합니다. 그러므로 본인이 채권금액을 계산해 두는 게 제일 바람직합니다.

Q : 잔금 지급 전에 국민주택채권을 사도 될까요?

A : 가능합니다. 은행은 고객이 요청하는 금액의 국민주택채권을 팔고, 국민주택채권매입 확인서를 줍니다. 이때 매매대금 잔금을 치렀는지 묻지는 않습니다.

Q : 저는 세입자로 전세권설정등기를 법무사에게 맡기기로 했어요. 제가 하고 싶었는데 집주인이 등기필증 건네는 것이 꺼림칙했나 봐요. 해지신청은 제가 하려고 하는데 가능한가요?

A : 집주인은 소유권을 취득하고 등기필증(등기권리증) 또는 등기필정보를 가지고 있습니다. 하지만 질문자가 전세권등기 도중에 이를 잃어버리면 등기필증 등은 영원히 재발급되지 않기 때문에 꺼려할 수 있습니다. 등기필증 등이 곧 소유권이라고 생각하는 분들이 간혹 있습니다. 이때는 등기신청서 위임장을 직접 작성해 보세요. 법무사 비용이 늘어나는 것을 막을 수 있습니다.

Q : 대출을 받으면서 셀프등기가 가능할까요?

A : 은행이 동의하지 않을 가능성은 있지만 저는 꼭 추천드립니다. 은행 쪽 법무사는 대출 실행 후 근저당권설정을 담당합니다. 은행을 위한 일을 하면서 질문자의

소유권이전등기로 함께 처리될 확률이 높은데, 질문자가 선택한 법무사가 아니고, 은행을 단골고객으로 모시고 있을 뿐입니다. 만약 은행이 셀프등기에 동의하지 않는 경우라도 이 책을 활용하면 법무사 비용을 줄이는 방법을 찾을 수 있을 것입니다.

Q : 토지의 셀프등기도 같은 방식인가요?

A : 그렇습니다. 매매를 원인으로 하는 소유권이전등기 신청은 민간영역에서 발생한 계약관계를 등기신청서 작성과 제출을 통해 부동산 등기부에 반영을 요청하는 절차입니다.

일반인들이 많이 하는 구분건물(아파트) 외 토지, 건물도 셀프등기가 가능합니다. 토지의 경우 토지거래허가를 받는 등 절차가 추가될 수 있으며, 이를 증명하는 서류를 추가로 제출합니다.

Q : 혹시 매수인 말고 부모가 대리로 가게 되면 어떤 서류를 추가해야 할까요? 'e-Form' 작성 시 자녀 명의의 계약을 부모 중 한 명이 공인인증서로 로그인해서 작성해 가도 되나요?

A : 네. 가족은 등기신청을 대리할 수 있습니다. 즉 부모의 공인인증서로 로그인해서 작성해도 됩니다. 이때 등기소를 방문하는 부모의 가족관계증명서와 주민등록증을 지참해야 합니다. 또 자녀가 작성한 위임장을 제출해야 합니다. 위임장은 매수자인 자녀와 매도인(매도인 인감 날인)이 동시에 매수인의 부모에게 위임해도 되고, 매도인(매도인 인감 날인)이 매수인인 자녀에게 한 위임을 기초로 다시 매수인이 부모에게 위임장을 작성하는 방법으로 재위임을 할 수 있습니다(위임받은 일을 다시 위임한다고 하여 복위임이라고 부릅니다). 등기소에 출석하는 부모가 신청자가 되어 등기신청서를 작성하고, 작성이 끝난 등기신청서는 부모의 도장을 날인하여 제출합니다.

Q : 등기신청서를 날인하는 사람과 위임장의 관계를 알고 싶습니다.

A : 위임장은 등기소에 가지 않은 당사자가 등기소에 가려는 사람에게 등기신청 권한을 허락해 주는 의미의 서류입니다. 매도인이 매수인에게 등기신청 권한을 위임하는 상황인 경우, 매도인은 위임장에 인감으로 날인

을 하여야 하고, 등기신청서에는 따로 날인할 필요가 없습니다. 등기신청서는 제출 권한을 받은 매수인이 신청인이 되어 작성하고, 매수인의 도장(인감일 필요 없음)을 날인하여 제출하면 됩니다.

Q : 매매계약서는 자필서명으로 작성하였는데, 계약서는 서명으로 해도 괜찮은가요?

A : 네. 서명으로 작성해도 괜찮습니다. 다만 매도인이 매매대금 잔금일에 매도용 인감증명서를 매수인에게 건네주고, 위임장에는 꼭 인감으로 날인하여야 합니다. 즉 주민등록초본(주소 이전 포함), 등기필정보(서류)를 매수인에게 넘겨주면 됩니다.

Q : 'e-Form'으로 등기신청서를 작성하여 출력한 뒤 다시 매도인의 날인을 받아야 하나요?

A : 'e-Form'으로 등기신청서를 작성하면, 작성 정보를 이용하여 위임장을 출력할 수 있습니다. 매도인을 위임인으로, 매수인을 대리인으로 정하고 위임장을 작성, 출력한 위임장에 매도인의 인감을 받으면 됩니다. 등기신청서는 작성자인 매수인만 날인하면 됩니다.

Q : 매매 잔금을 치르기 전 채권매입, 수입인지, 등기수수료를 미리 납부해도 상관 없나요?

A : 네. 상관 없고 오히려 추천합니다. 잔금 당일 은행을 방문하여 처리할 수도 있지만 가급적 미리하면 좋습니다. 은행에서 각종 신청서를 작성해서 제출해야 하고, 등기수수료 납부번호 등을 등기신청서에 다시 기재(또는 수정 입력)해야 하는 번거로움이 있습니다. 은행에서는 현금으로만 납부 가능하다고 합니다.

Q : 임시로 작성한 등기신청서 출력물에는 등기의무자의 등기필정보일련번호, 비밀번호란이 없습니다.

A : 대표번호(1544-0770)로 문의해 본 결과 입력이 완성되지 않은 항목은 출력되지 않는다고 합니다.

등기필정보(서류)는 매매계약 잔금일에 매매대금을 다 치른 후 매도인에게 등기필정보(서류)를 받고, 등기소 민원인용 컴퓨터를 이용하여 대법원 인터넷등기소 로그인 후 수정·입력하여 출력하는 방법이 좋습니다.

(로그인 → 제출관리 항목에서 해당 등기신청서 선택 → 수정작성 클릭 → 3단계 등기할 사항 중 '등기의무자의 등기필정보 입력' 버튼 클릭)

Q: 은행 대출을 받아 매매대금 잔금을 치르는 경우에도 셀프등기가 가능할까요?

A: 가능하다고 생각합니다. 은행 측 법무사의 확인을 받겠다는 조건을 달면 됩니다. 그리고 매매대금 잔금일 대출 실행 전에 'e-Form'으로 미리 작성한 등기신청서와 각종 수수료를 납부한 내역을 은행 측 법무사에게 보여주면 됩니다.

Q: 비용은 얼마나 절감할 수 있나요?

A: 통상 30만 원에서 50만 원 정도 절감이 된다고 합니다. 나쁜 법무사를 만나면 여러분의 주머니에서 눈먼 돈이 더 많이 나갈 수 있습니다. 알아채지 못할 뿐입니다. 같은 급의 부동산 채권 할인가격을 44,000~46,000원을 납부하였는데, 법무사에게 맡겼더니 180,000원 정도가 나왔습니다. 시기의 차이가 있기는 합니다. 그 외 법무사 대행료, 누진료, 부속 서류대, 일당 교통비, 검인대행료 명목의 비용을 지급했습니다. 이것은 제 개인 사례입니다. 판단은 여러분에게 맡기겠습니다.

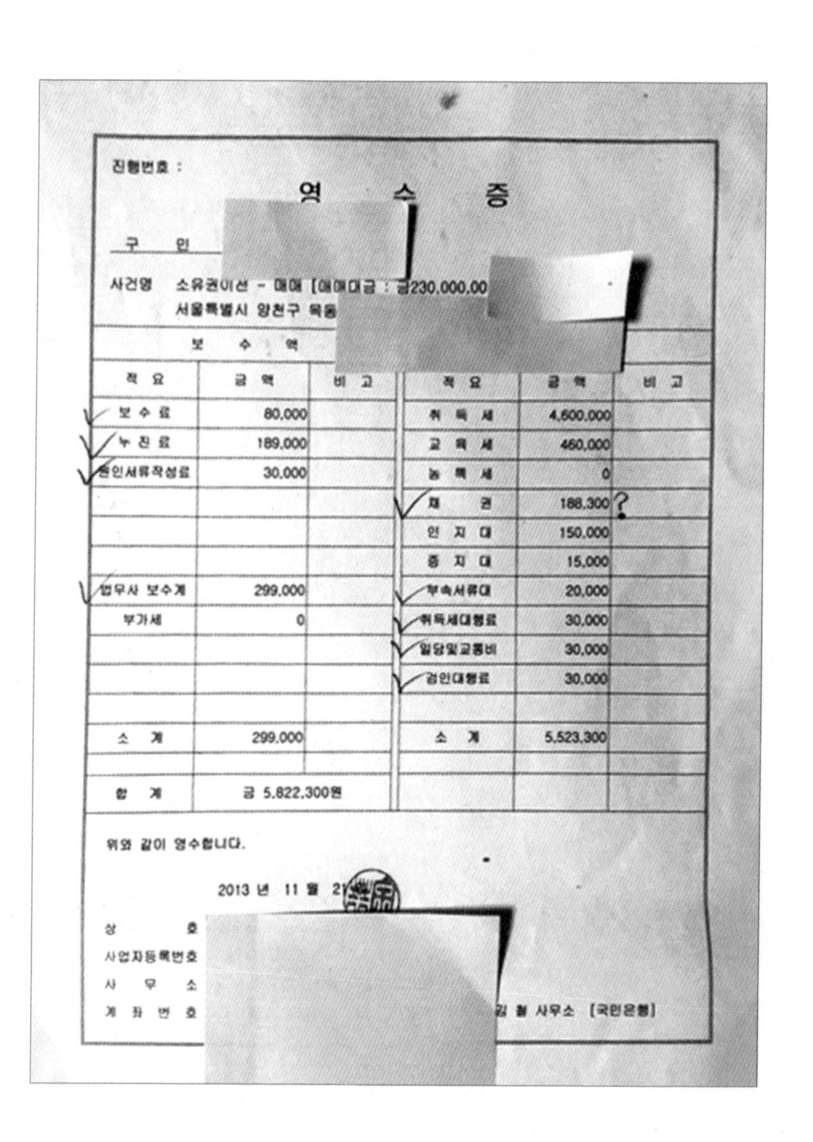

진행번호 :

영 수 증

구 인

사건명 소유권이전 - 매매 [매매대금 : 금230,000,00
서울특별시 양천구 목동

보수액					
적요	금액	비고	적요	금액	비고
보수료	80,000		취득세	4,600,000	
누진료	189,000		교육세	460,000	
원인서류작성료	30,000		농특세	0	
			채권	188,300	?
			인지대	150,000	
			증지대	15,000	
법무사 보수계	299,000		부속서류대	20,000	
부가세	0		취득세대행료	30,000	
			일당및교통비	30,000	
			검인대행료	30,000	
소계	299,000		소계	5,523,300	
합계	금 5,822,300원				

위와 같이 영수합니다.

2013 년 11 월 21

상 호

사업자등록번호

사 무 소

계 좌 번 호 김 철 사무소 [국민은행]

Q : 셀프등기를 하면서 시간을 절약하는 팁이 있나요?

A : 첫째, 동선과 대기시간 줄이기입니다. 그러기 위해서는 당일에 구청과 은행을 방문하지 않아야 합니다. 둘째, 등기신청서는 'e-Form'에서 미리 작성합니다. 여러 가지 이점이 있습니다. 다만 현실적으로 잔금을 치르고서 매도인으로부터 받게 되는 등기필정보(서류)에 포함된 정보는 등기소 공용 PC를 이용하여 추가로 입력(수정입력)하여야 합니다.

Q : 매도인과의 매매계약을 체결할 때 인감이 필요한가요?

A : 매매계약서를 작성할 때 인감이 필요하지는 않습니다. 다만 매도인, 매수인 상호 간 신분증을 지참해야 합니다. 신분증을 보고 계약 당사자가 동일인인지 확인하고, 매도자가 등기부등본상의 권리자인지 확인합니다.

Q : 매도인 본인이 오지 않고 대리인이 왔습니다.

A : 대리인이 매도인으로부터 위임장을 받아 왔는지 확인합니다. 매도인의 인감증명서에 찍힌 도장이 위임장에 잘 날인되었는지, 위임받은 대리인의 신분증을 확인합

니다. 대리인이 오면 중개인의 역할이 더 중요해집니다.

또한 계약금은 반드시 매도인 본인의 계좌로 입금합니다. 본인의 인적사항과 연락처를 매매계약서에 기재하고, 계약금 입금 후 매도인과 통화해 보기 바랍니다.

Q : 매매 부동산에 저당권이 남아 있습니다. 괜찮은가요?

A : 저당권 등 매매에 제한이 있는 근저당권의 처리 방안을 합의하여 계약서에 특약의 형식으로 남기면 됩니다.

셀프등기 매수인이 시간과 비용을 아낄 수 있는 방법 및 스케줄 잡기

- 부동산 중개소는 계약일과 잔금일 딱 2번만 방문합니다.

  계약일은 매매계약을 체결하고 계약금을 지급하고, 잔금일은 잔금 지급과 함께 매도인으로부터 등기서류를 받습니다. 매수할 부동산을 결정하였다면 등기 절차 진행상 중개소 방문은 2회면 충분하다는 뜻이지 부동산의 가격 조사와 하자의 현황을 파악하는 일 등을 등한시해도 좋다는 맥락은 아닙니다.

- 부동산거래신고는 중개인이 대신하고, 실거래신고필증은 중개인을 통해서 받거나 홈페이지에 로그인하여 출력합니다. 잔금일 이전 일주일 정도의 시간이면 넉넉하고, 평일 2~3일 전이면 부족하지는 않습니다.
- 'e-Form'을 활용하여 등기신청서 작성을 시작합니다. 등기권리자, 등기의무자, 부동산 현황자료 등 매매계약서와 등기부등본으로 보면 해결이 가능합니다. 취득세, 국민주택채권, 등기수수료 구매나 납부를 마쳐야 입력이 가능한 항목도 있습니다. 특히 등기필정보는 매도인에게 잔금을 지급한 이후 입력이 가능함에 유의합니다.
- 잔금일 며칠 전 구청에 전화하여 납부할 취득세 금액에 대해 협의하고, 납부 금액을 미리 파악합니다. 위택스에서 '취득세 신고서 외 1'의 작성을 시작하고 임시저장을 합니다. 납부 전이라도 취득세 및 지방소득세 금액 정보를 등기신청서에 기재합니다.
- 매수인이 필요한 서류는 정부 24를 통해 주민등록

등본, (집합)건축물대장, 토지대장 등을 미리 발급받도록 합니다.

- 국민주택채권매입, 등기수수료 납부, 수입인지 구매 후 납부정보와 영수증을 챙겨 둡니다. 각 납부정보 중 등기신청서 기재사항은 등기신청서에 입력합니다
- 매매대금 잔금일 당일: 위택스로 미리 저정해 둔 '취득세 신고서 외 1'을 제출합니다.

  'e-Form'에서 위임장을 출력합니다(등기신청서 작성 완료 후 위임장 출력 버튼 클릭).
- 매매대금 잔금일 부동산 중개소: 작성한 위임장에 매도인의 인감날인을 받습니다.

  잔금을 치르고 매도인으로부터 매도인용 인감증명서, 주민등록초본, 등기필정보를 수령합니다.
- 위택스로 취득세를 납부합니다. 취득세 신고는 소유권이전등기일 이후부터 가능합니다. 등기신청서 제출 시 취득세 납부영수증이 첨부되어야 합니다.
- 등기소 도착 후 민원인용 공용 PC에서 할 일

  ① 취득세 납부 영수증 출력(위택스 간편 로그인 가능)

  ② 'e-Form'에 로그인하여, 등기필정보(서류)에 포함된 일련번호, 비밀번호 등을 수정·입력 후 등

기신청서 출력, 신청인 날인(서명), 등기신청서 간인(서명)의 순서대로 정리 후 제출

- 등기소 은행은 가급적 들르지 않도록 미리 준비를 완료하는 것이 목표입니다. 사정상 한두 가지가 빠지면 등기소 은행에서 보충합니다.
- 우표와 봉투를 제출하여 소유권 등기필정보(서류)를 우편으로 받는 서비스를 이용합니다.

전세계약 시 주의해야 할 사항

① 매매시세와 바짝 붙거나 초과할 경우에는 특히 주의

매매시세와 전세 가격 사이의 차액만 투자하여 부동산에 투자하는 방법을 '갭투자'라고 합니다. 부동산이 상승하면 적은 투자금액으로 상승분의 차액을 챙길 수 있어, 많은 부동산 투자자들에게 레버리지 투자로 알려져 있습니다.

세입자 입장에서는 전세금만 제대로 돌려받을 수 있다면 소유주가 부동산 상승으로 이득을 챙기든, 가격 하락으로 손실을 보든 상관이 없습니다. 다만, 부동산 갭투자

자 중 부동산 하락 시에도 전세보증금을 돌려줄 수 있는 여력이 되는지 전세계약 체결 시점에 알기는 어렵습니다. 갭투자와 갭투기(은행 대출은 받지 않더라도 시세의 80~90% 정도 전세를 끼지 않고 부동산 투자를 하되, 하락 시 대책이 없어 투자에 대한 위험을 사실상 세입자에게 떠넘기는 투자)는 구분이 참 어렵습니다. 전세를 구하는 시점을 기준으로 매매가격의 60~70%를 넘지 않고, 전세 가격이 많이 올랐다고 해도 80% 수준을 넘는다면 주의해야 합니다.

화곡동 전세 사건은 명의를 '빌려준' 소유주가 전세보증금이 끼어 있는 부동산의 소유권을 취득하면서, 부동산 취득세 등 비용을 치르고도 일정한 수준의 수익을 챙겼다고 합니다. 일반적인 투자에는 투자금이 소요되는 상식과는 많이 다릅니다. 전세를 구하는 입장에서는 이러한 이면을 알지 못합니다. 소유주가 여러 부동산을 '무피투자'(투자금 없는 부동산 취득) 또는 '플러스피 투자'(부동산을 취득하면서 수익이 바로 발생하는 구조)를 하였는지 밝히지 않습니다. 임대인이 자산도 없고 별다른 경제활동도 하지 않는데 소유 부동산만 많은지, 임대인의 주머니 사정이 어떠한지 알 수 없지만 객관적으로 전세 가격과 매매 가격이 붙었는지는 주변의 부동산 시세를 꼼꼼히 챙겨

확인하여야 합니다.

10여 곳까지는 아니더라도 많은 부동산 중개소를 들러보기 바랍니다. 화곡동 사건에서는 한두 곳의 기획부동산이 사건을 주도하였습니다. 피해자들도 주변의 매매가격 및 전세시세를 파악하였더라면 하는 아쉬움이 클 것입니다. 신축 다세대주택을 분양할 때, 근처 모든 중개소에 분양을 의뢰하지는 않는다고 합니다. 의뢰받은 중개인은 잘만하면 임대, 임차, 매매 중개수수료를 한 번에 취할 수도 있어서 아무래도 분양업자의 요청을 우선 반영하기 쉬운 구조입니다. 화곡동 사건에서 알 수 있는 것처럼 모든 중개인이 다 선량하지는 않습니다.

그리고 같은 지역의 중개인들 또한 그 역할이 조금은 다를 수 있습니다. 부동산 중개 업무는 네트워크 유지가 핵심인데, 중개인들은 상호 협조하기도 하고 때로는 경쟁을 하기도 합니다. 지하철에 가까운 중개소는 그 지역에 생소한 세입자 후보를 만날 확률이 높기 때문에 세입자의 입장을 반영하는 게 영업 전략상 유리하다고 판단할 수도 있습니다. 지하철 역과 조금 거리가 떨어진 곳은 그렇지 않을 수도 있겠지요. 이처럼 중개인은 매매, 전세, 임차 계약이 체결되어야 소정의 수수료를 받는 사업구조는 동일

할 수 있어도 입장은 조금씩 다를 수 있습니다. 그러므로 시세에 관해서는 여러 곳을 체크해야 합니다.

② 불법건축물은 패스

불법건축물의 대표적인 사례는 근린생활시설입니다. 근린생활시설은 주거용 목적으로 지어진 건물이 아닙니다. 최근 신축 다세대 주택을 지으면서 준공승인을 받은 후 일부 근린생활시설을 주택으로 전용하여 분양하는 사례가 많다고 합니다. 건물 밖에서 보면 80~90% 외벽 면적과는 다른 재질로 천장이나 창문을 마감합니다. 건물을 짓는 도중에는 넓은 테라스처럼 천장이나 외벽이 없습니다.

근린생활시설 전세권자는 갭투기 피해 사례 중에서도 가장 답이 없는 케이스에 속한다고 합니다. 전세금 반환 소송에서 이겨 경매를 진행해도 낙찰자를 찾기 어려운데 임차인이 확정일자부 전입신고를 하여 우선변제권과 대항력을 갖추었다면 낙찰인은 기존의 임차권을 승계하고, 불법변경건축물이라는 이유로 이를 철거 요구와 이행강제금을 매년 부담해야 하기 때문입니다. 세입자 입장에서도 이러한 주택은 매수할 장점이 거의 없습니다.

불법으로 용도를 변경한 근린생활시설의 경우 전세자

금대출이 불가능하다고 합니다. 간혹 부동산에서 소개해 준 대출상담사를 통해 1금융권에서 대출을 받고 전입신고도 하였다는 사례가 있지만 이는 구청에서 위반사실을 발견하고 건축물대장에 반영하기 전 시행된 전세자금대출이 아닐까 짐작합니다. 정부가 전세자금대출 규모를 줄여야 한다면 가장 먼저 위반 건축물에 시행된 신규대출을 막고 회수도 먼저 시작하지 않을까요?

③ 등기부등본과 건축물대장 확인

부동산등기부등본 '갑'구를 확인합니다. 계약자가 진정한 소유자인지, 세금체납은 없는지, 부동산이 신탁회사에 신탁된 재산은 아닌지 확인합니다. '을'구에는 전세권, 근저당권의 이해관계자가 없는지를 체크하여 부족한 사항이 있다면 매매대금 잔금 또는 전세계약 시작일까지 원하는 상태로 부동산의 등기부를 정리하여 줄 것을 계약서 특약사항으로 반영합니다.

④ 전세권 설정하기

전세권 설정은 비용도 비싸고, 소유주가 거절하는 경우도 많기 때문에 생각보다 많지는 않았습니다. 그러나 전세보증금이 고액화되는 추세에 비추어 전세권자를 보호해야 할 필요성이 높아지고 있기 때문에 향후 점진적인 증가가 예상됩니다.

확정일자부 전입신고로 우선변제권과 대항력을 취득하더라도 세입자 보호에는 부족한 점이 있습니다. 확정일자부 전입신고는 신고 다음날부터 대항력을 갖게 됩니다. 소유자가 마음만 먹는다면 전세보증금을 받은 당일 미리 섭외한 바지사장(노숙자)을 내세워 소유권을 넘기면서 은행의 신규 대출을 받을 경우 세입자는 법적인 보호를 받을 수 없게 됩니다.

이러한 피해의 경우 소유자 및 바지사장 등을 사기죄로 고소하여 처벌을 받게 할 수는 있어도 은행 대출을 실행하면서 설정한 근저당권보다 후순위로 밀리게 되어 금전적인 손실을 입을 위험이 높아지는 것은 사실입니다(하지만 이런 사례의 발생 빈도는 상대적으로 낮습니다).

우선변제권과 대항력은 새로운 매수자 또는 경매절차에서 낙찰자에게 주장할 수 있는 소극적인 권리입니다. 소유자를 상대로 보증금반환청구소송을 제기하고 승소한 뒤 이를 기초로 (강제)경매절차를 신청하여야 합니다. 셀프소송, 전자소송으로 절차가 간소화되었다고 하더라도 시간과 품이 듭니다. 반면, 전세권등기가 설정되면 반환을 지체하였을 경우, 소유주의 동의나 사전 절차 없이 바로 (임의)경매절차를 시작할 수 있습니다. 임의경매절차는 전세권자가 임의로 절차를 시작할 수 있다는 뜻이 내포되어 있어, 강제경매절차보다 어감은 약해 보이지만 실제 효력은 훨씬 더 강력합니다.

비용은 전세보증금의 0.24%가 등록세(등록면허세 0.2%+지방교육세 0.04%) 명목으로 필요하고, 등기신청수수료 15,000원이 듭니다(전세권 해지 비용은 등기신청수수료 포함 10,200원입니다). 전세보증보험의 보험료는 주택도시보증보험공사가 0.125%, 서울보증보험이 0.192% 정도이므로 전세권 설정 비용이 상대적으로 비싸 보이지만 임대차보호법 개정으로 임차인에게 1회 갱신권이 인정되어 실질 전세기간이 4년이라는 점을 고려하면, 전세권설정 비용이 보증보험료보다 반드시 비싸다고 보기는 어렵습니다.

전세보증보험은 소유자의 전세권자에 대한 전세보증금반환의무를 보장해 주는 일종의 '소유자의 신용을 보증하는 보험'입니다. 다른 관점에서 보면 소유자의 신용이 나쁘면 보험가입이 거절될 수 있습니다. 앞서 화곡동 사건에서 1인 보험사고 한도를 초과하여 보증보험금 지급이 거절된 이유도, 부동산의 소유주에게 세금 체납이 있을 때 가입이 거절되었던 이유도 전세보증보험제도의 특성 때문입니다.

최근 전세금 상승으로 부동산 소유주도 세입자가 전세금 마련을 위해 은행의 전세자금대출을 활용하고 있다는 점을 충분히 알고 있으며, 은행이 요청하는 담보 설정 절차(전세권자의 소유자에 대한 전세금반환청구권에 대한 질권 설정)에 동의하고 있습니다. 소유자 입장에서 우호적인 전세권자가 있으면 도움이 되고, 전세권자의 전세금도 지켜야할 자산이라는 점을 이해하는 소유자가 늘고 있습니다. 전세권 설정에 대해 소유자의 반감도 많이 줄어 전세권설정과 해지를 전세권자가 책임지고 비용도 부담하겠다고 하면 동의해 주는 사례가 많은 것 같습니다. 간혹 소유자의 등기필정보를 전세권자가 분실할까봐 이를 거절하는 사례도 있으니, 거절하는 이유를 정확히 알아두는 게 좋겠습니다. 소유자가 동의하지 않으면 전세권 설정은 불가능하지만 설득을 시도해서 손해를 볼 일은 없다고 생각합니다.

전세권을 설정하려면 전세계약서 원본으로 가까운 주

민센터에서 확정일자부 전입신고를 마친 후 전세권설정 등기신청서를 등기소에 제출하면 됩니다.

임차인 보호를 위해 임대차보호법이 개정되어 전세계약이 사실상 4년으로 연장되었습니다. 연장 기간 만큼 전세보증금 보호의 필요성도 높아졌으므로 '정책적'으로 주거용 주택의 전세권등기설정 비용 인하를 검토해 볼 시점이라고 생각합니다.

⑤ '갑'구에 신탁등기가 있는 경우

부동산의 소유권이 수탁사로 이전되었는데 전 소유자가 전세권이나 임대차계약 당사자로 등장하는 사례가 있습니다. 부동산 등기부등본 '갑'구의 기재사항이나 등기부등본의 신탁원부를 확인해 보면, 실소유자라고 주장하는 관리자는 처분의 권한이 없습니다. 즉 신탁부동산의 임대차관계에서 임대인의 지위에서 갖는 권리는 대내외적으로 신탁회사가 보유합니다. 따라서 실소유자라고 주장하는 사람과 계약을 체결하려면 신탁회사로부터 대리권 또는 위임장이 있는지 반드시 확인해야 합니다.

맺음말

'셀프등기'. 해 보니 어떤가요? 다음에 기회가 된다면 다시 해 보고 싶은지, 아니면 법무사에게 의뢰하는 게 더 낫겠다는 생각인지 무척 궁금합니다.

처음으로 '셀프등기'를 준비한다면 용기를 내어 보기 바랍니다. 용기는 8,000미터가 넘는 산을 오르거나 큰 전투를 앞두고 있을 때만 필요한 것이 아닙니다. 누군가에게는 낮은 언덕도 사소한 일도 어렵게 느껴질 수 있으며, 어떤 때는 잘 되던 일도 예전 같지 않을 수 있습니다. 이때 그 한계를 넘어보겠노라고 마음먹는 작은 시도를 저는 용기 또는 도전이라고 말하고 싶습니다.

'셀프등기'를 하는 여러분들은 삶의 터전을 처음 마련하는 신혼부부이거나 사회생활을 갓 시작한 사회초년생일 것이라 짐작합니다. 제 짐작이 틀렸다면 조금 늦게 살 집을 마련하여 더 많은 축하를 받아야 하는 상황일 수도 있겠고, 어쩌면 사랑하는 가족을 잃고 추억이 깃든 보금자리를 관리할 책임을 물려받은 경우일 수도 있겠습니다.

과한 축하나 위로보다는 말없는 격려와 성원을 보내고 싶습니다. 새집으로 이사하는 설레는 준비와 정든 이와의 마무리를 다른 사람에게 맡기지 말고 직접 해 보는 것도 좋겠다 싶습니다.

스스로의 일상을 구성하고, 원하는 방향으로 시간과 공간을 조정하는 역량이 있다면 언젠가 생길지 모르는 외부의 급격한 변화와 풍파에도 자신의 일상을 지키는 방향으로 에너지를 쓸 수 있습니다.

등기는 교통사고나 불운 또는 뜻하지 않은 행운처럼 갑작스럽게 생기는 사고나 횡재라기보다는 일상을 계획하고 구성하는 행위입니다. 즉 시간적 여

유가 있을 때 미리 계획을 세워 연습해 보기에 딱 좋은 대상이라는 뜻입니다.

집은 단순한 재산이 아닙니다.

그러니 '셀프등기'를 진행해 보면서 비용 절약과 함께 내 집에 대한 애정을 더 높여 보기 바랍니다.

나창근 지음 | 17,000원
332쪽 | 152×224mm

초저금리 시대에도 꼬박꼬박 월세 나오는
수익형 부동산

현재 (주)기림이엔씨 부설 리치부동산연구소 대표이사로 재직하고 있으며 [부동산TV], [MBN], [한국경제TV], [KBS] 등 방송에서 알기 쉬운 눈높이 설명으로 호평을 받은 저자는 부동산 트렌드의 변화와 흐름을 짚어주며 수익형 부동산의 종류별 특성과 투자노하우를 소개한다. 여유자금이 부족한 투자자도 전략적으로 투자할 수 있는 혜안을 얻을 수 있을 것이다.

주식/금융투자

북오션의 주식/금융 투자부문의 도서에서 독자들은 주식투자 입문부터 실전 전문투자, 암호화폐 등 최신의 투자흐름까지 폭넓게 선택할 수 있습니다.

박병창 지음 | 19,000원
360쪽 | 172×235mm

주식투자
기본도 모르고 할 뻔했다

코로나 19로 경기가 위축되는데도 불구하고 저금리 기조가 계속되자 시중에 풀린 돈이 주식시장으로 몰리고 있다. 때 아닌 활황을 맞은 주식시장에 너나없이 뛰어들고 있는데, 과연 이들은 기본은 알고 있는 것일까? '삼프로TV', '쏠쏠TV'의 박병창 트레이더는 '기본 원칙' 없이 시작하는 주식 투자는 결국 손실로 이어짐을 잘 알고 있기에 이 책을 써야만 했다.

유지윤 지음 | 25,000원
312쪽 | 172×235mm

하루 만에 수익 내는
데이트레이딩 3대 타법

주식 투자를 한다고 하면 다들 장기 투자나 가치 투자를 말하지만, 장기 투자와 다르게 단기 투자, 그중 데이트레이딩은 개인도 충분히 가능하다. 물론 쉽지는 않다. 꾸준한 노력과 연습이 있어야 한다. 하지만 가능하다는 것이 중요하고, 매일 수익을 낼 수 있다는 것이 중요하다. 그 방법을 이 책이 알려준다.